W0397951

Das ultimative Probenbuch

Mathematik

Dieses Buch gehört

____

Vorwort

Dieses Buch hilft dir bei der Vorbereitung auf deine Proben bzw. Klassenarbeiten in der 3. Klasse im Fach Mathematik. Anhand der von uns erstellten Proben, die chronologisch dem Lehrplan angepasst sind und in Inhalt, Form und Umfang etwa dem entsprechen, was dich in deinen Klassenarbeiten erwartet, kannst du überprüfen, ob du den behandelten Stoff beherrschst.
Das Buch eignet sich auch sehr gut zur Wiederholung des Stoffes in den Sommerferien und bietet eine ideale Vorbereitung für die 4. Klasse.

Die Klassenarbeiten decken die verschiedenen mathematischen Teilgebiete ab, die du in der 2. Klasse erlernt hast, sowie alle Grundrechenarten im Zahlenraum bis 1.000.

Im Anhang findest du zu jeder Klassenarbeit eine Lösung mit ausführlichem Lösungsweg, damit du deine Antworten selbstständig kontrollieren kannst.

Wir wünschen dir viel Erfolg bei der Arbeit mit diesem Buch und für dein gesamtes 3. Schuljahr.

Mandana Mandl   Miriam Reichel

Für konstruktive Kritik und Tipps, wie auch für Ideen für weitere Schulproben sind wir immer offen!

5. Auflage 12/2011

Lektorat: Peter Mandl, München; Horst Reichel, Stuttgart
Logoentwurf: Michael Reichel, www.m5art.de

www.schulproben-bayern.de
www.MaMis-Verlag.de

In dieser Reihe erhältlich:

2. Klasse:	Deutsch, Mathematik, Heimat- und Sachunterricht (HSU)
3. Klasse:	Deutsch, Mathematik, Heimat- und Sachunterricht (HSU)
3./4. Klasse:	Das ultimative „Lese-Probenbuch"
4. Klasse:	Deutsch, Mathematik, Heimat- und Sachunterricht (HSU)
5. Klasse:	Deutsch (5./6.), Mathematik (K5) Gymnasium
6. Klasse:	Deutsch (5./6.), Mathematik (K6) Gymnasium

Ferienkalender für Bayern:

	2011	**2012**	**2013**
Fasching	07.03. - 11.03.	20.02. – 24.02.	11.02. - 15.02.
Ostern	18.04. - 30.04.	02.04. - 14.04.	25.03. - 06.04.
Pfingsten	14.06. - 25.06.	29.05. - 09.06.	21.05. - 31.05.
Sommer	30.07. - 12.09.	01.08. - 12.09.	31.07. - 11.09.
Herbst	31.10. – 05.11.	29.10. - 03.11.	28.10. - 31.10.
Weihnachten	27.12. – 05.01.	24.12. - 06.01.	23.12. - 04.01.

Ferienkalender für Baden-Württemberg:

	2011	**2012**	**2013**
Ostern	26.04. - 30.04.	02.04. - 13.04.	25.03. - 05.04.
Pfingsten	14.06. - 25.06.	29.05. - 09.06.	21.05. - 01.06.
Sommer	28.07. - 10.09.	26.07. - 08.09.	25.07. - 07.09.
Herbst	31.10. – 02.11.	29.10. - 02.11.	28.10. - 30.10.
Weihnachten	23.12. – 05.01.	24.12. - 06.01.	23.12. - 04.01.

Quelle: http://www.schulferien.org

Inhaltsverzeichnis

1 Lehrplan und Grundwissen der 3. Klasse in Mathematik

1.1 Lehrplan der 3. Klasse

Die Umsetzung des Lehrplans, die Schwerpunktfestlegung, sowie der chronologische Ablauf liegen in der Regel beim Lehrer oder bei der Schule. Die nachfolgenden Themen müssen alle durchgenommen werden, und die Kinder müssen bis zum Schuljahresende eine klare Vorstellung im Zahlenraum bis 1.000 aufweisen!

Der Lehrplan der 3. Klasse sieht folgende Schwerpunkte vor:

1. Wiederholung des Stoffes der 2. Klasse
   - Mündliche und schriftliche Rechenoperationen im Zahlenraum bis 100
   - Üben mit Größen, Umwandeln bekannter Größen
   - Sachaufgaben
2. Zahlenraumerweiterung
   - Mündliche und schriftliche Rechenoperationen im Zahlenraum bis 1000
   - Zahlenstrahl
   - Sachaufgaben
3. Rechnen mit Maßeinheiten
   - Rechnen und Umwandeln mit Zeit-, Längen- und Gewichtseinheiten sowie Hohlmaßen
   - Sachaufgaben zu Größen
   - Üben mit Größen, Umwandeln bekannter Größen
4. Geometrie
   - Der Würfel und seine Eigenschaften
   - Würfelnetze
   - Eigenschaften verschiedener Körperformen und deren Netze
5. Schrittweise Erweiterung des Zahlenraumes bis 1 000
   - Üben und Festigen der Grundrechenarten
   - Einführen der schriftlichen Subtraktion
   - Wiederholen der schriftlichen Addition
6. Einführen der halbschriftlichen Multiplikation
   - Üben mit einstelligen Faktoren
   - Vertiefung durch Sachaufgaben
7. Einführen der Division
   - Beziehungen zwischen Zahlen, Vielfache und Teiler
   - Erläutern von Teilbarkeitsregeln
   - Halbschriftliche Division
   - Sachaufgaben zur Vertiefung

1.2 Rechenarten

Nachfolgend werden die Grundrechenarten beschrieben:

Plus = addieren:

Summand + Summand = Summe

Beispiel: 12 + 3 = 15

Minus = subtrahieren:

Minuend - Subtrahend = Differenz

Beispiel: 12 - 3 = 9

Mal (nehmen) = multiplizieren:

Faktor · Faktor = Produkt

Beispiel: 12 · 3 = 36

Teilen = dividieren:

Dividend : Divisor = Quotient

Beispiel: 12 : 3 = 4

Zeichen	**Sprechweise**	**Sprechweise ab Ende 3. Klasse**
=	ist gleich	ist gleich
+	plus	addieren
-	minus	subtrahieren
· (häufig auch ein * oder x)	mal	multiplizieren
:	geteilt durch	dividieren
<	ist kleiner als	ist kleiner als
>	ist größer als	ist größer als

1.3 Sach- und Textaufgaben

Bei Sach- und Textaufgaben muss man Wesentliches vom Unwesentlichen unterscheiden. Lies die Aufgabe genau durch und unterstreiche alle Zahlen und alle Ausdrücke, die auf eine Rechenoperation hindeuten (z.B. zähle hinzu, ziehe ab, teile ...). Versuche herauszufinden, was für die Lösung bzw. für die Beantwortung der Frage wichtig ist! – „Was will ich wissen?" Markiere diese Dinge in einer anderen Farbe. Sachaufgaben sind in ihren Rechenoperationen meistens nicht sehr schwer, sondern eher leicht. Die Kinder sollen lernen einen Sachverhalt zu verstehen und diesen in entsprechende Rechenoperationen umzusetzen. Manchmal musst du sogar selbstständig die Frage erkennen. Bei Textaufgaben sagen Kinder sehr schnell: „Das kann ich nicht!" oder „Das verstehe ich nicht!" Um Kindern hier Sicherheit zu geben, kann man sie unterstützen den Rechenweg **eigenständig** zu finden und dann üben, üben, üben.

1.4 Rechnen mit Maßeinheiten

	Zeichen	**Sprechweise**
Währungseinheit	€	Euro
	Ct	Cent
Längenmaß	km	Kilometer
	m	Meter
	dm	Dezimeter
	cm	Zentimeter
	mm	Millimeter
Hohlmaß	hl	Hektoliter
	l	Liter
	dl	Deziliter
	cl	Zentiliter
	ml	Milliliter
Gewichtsmaß	t	Tonne
	kg	Kilogramm
	g	Gramm
Zeiteinheit	h	Stunde
	min	Minute
	s	Sekunde

Entsprechungen von Maßeinheiten:

Kilometer	1 km	1000 m
Meter	1 m	100 cm
Zentimeter	1 cm	10 mm
Tonne	1 t	1000 kg
Kilogramm	1 kg	1000 g
Hektoliter	1 hl	100 l
Liter	1 l	1000 ml
1 Tag	1 Tag	24 h
Stunde	1 h	60 min
Minute	1 min	60 s
1 €	1 €	100 Ct

1 m	10 dm	100 cm	1000 mm
1 l	10 dl	100 cl	1000 ml
1 Jahr	52 Wochen	365 Tage	
1 h	60 min	3600 s	

1.5 Geometrie

Formen:

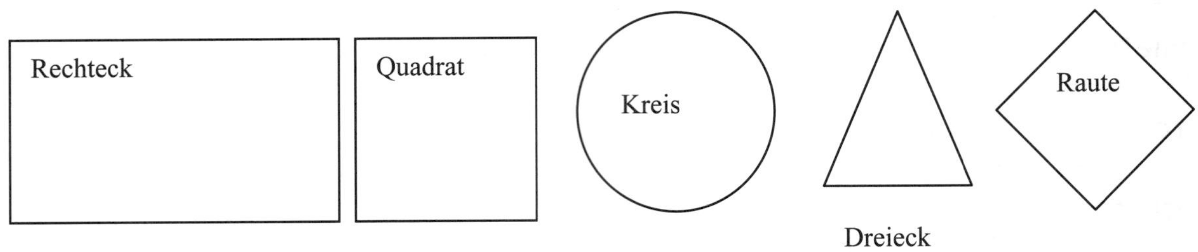

Dreieck: Jede geometrische Figur, die drei Ecken hat, nennt man Dreieck

Viereck: Jede geometrische Figur, die vier Ecken hat, ist ein Viereck. Das Rechteck, das Quadrat und die Raute sind spezielle Formen des Vierecks.

Rechteck: Ein Rechteck ist ein Viereck, bei dem die gegenüberliegenden Seiten gleich lang sind und senkrecht zu einander stehen.

Quadrat: Das Quadrat ist eine Sonderform des Rechtecks, bei dem alle Seiten gleich lang sind.

Körper:

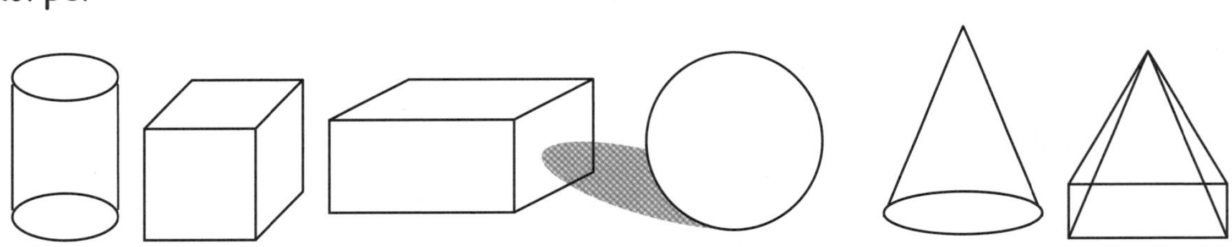

Zylinder Würfel Quader Kugel Kegel Pyramide

Der Würfel ist eine Sonderform des Quaders, bei dem alle Kanten gleich lang sind.

In der folgenden Tabelle kannst du erkennen, welcher Körper wie viele Kanten und Ecken hat.

	Würfel	**Quader**	**Kegel**	**Zylinder**	**Kugel**	**Pyramide**
Ecken	8	8	1	0	0	5
Kanten	12	12	1	2	0	8

Der Würfel

Die Flächen des Würfels sind alle quadratisch und gleich groß.

Die Flächen des Würfels

Ein Würfel besteht aus der Deckfläche, der Bodenfläche und 4 Seitenflächen .

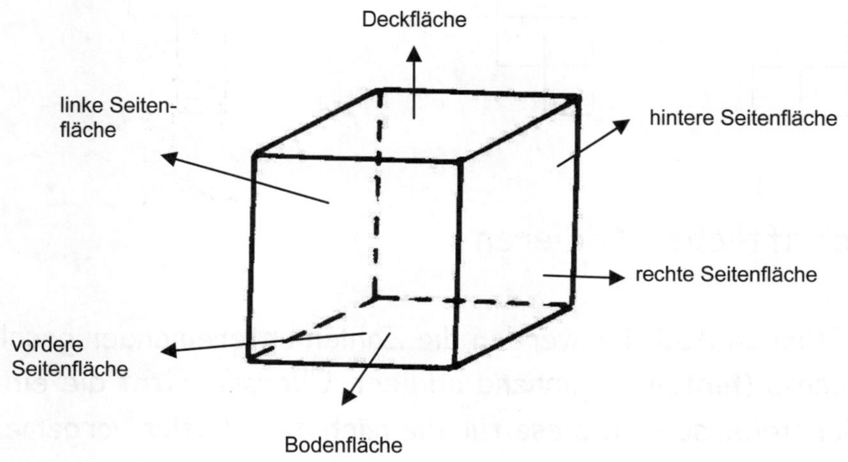

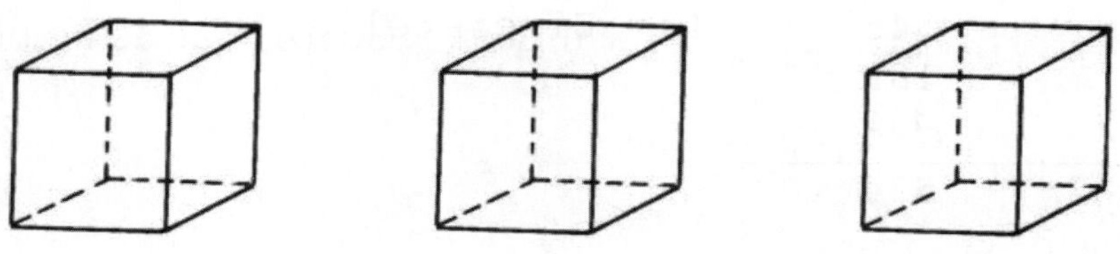

Der Würfel hat 8 Ecken 12 Kanten 6 Flächen.

Würfelnetze: Es gibt genau **11** mögliche Würfelnetze.

1.6 Plus - Schriftliches Addieren

Bei der schriftlichen Addition werden die Zahlen untereinander geschrieben und einzeln von rechts (hinten) beginnend addiert. Überschreitet die einzelne Addition die Zehnerstelle, so wird diese für die nächste Addition vorgemerkt.

Beispiel:

```
HZE     (H = Hunderterstelle, Z = Zehnerstelle,
345      E = Einerstelle)
189
 1 1
-----
534
```

1.7 Minus - Schriftliches Subtrahieren

Subtrahieren bedeutet Zahlen von einander abzuziehen. Als Grundrechenart hast du das schon kennengelernt. Du weißt z.B.: 10 - 2 = 8

Bei der schriftlichen Subtraktion werden die Zahlen untereinander geschrieben und einzeln von hinten beginnend subtrahiert. Ist die untere Zahl größer als die obere Zahl, so leihst du dir von der nächsten Stelle eine Zehnerstelle und subtrahierst sie bei der ursprünglichen Zahl. Dies hört sich komplizierter an, als es ist, wie du an den Beispielen gleich erkennen kannst.

Beispiel:

```
  5 5¹⁰
  6~~6~~0
- 153
-------
  507
```

Die Einzeloperationen pro Spalte lauten:
0 - 3 geht nicht -> es wird aus der nächsten Stelle eine zehn ausgeliehen 10 - 3 = **7** aus der 6 wird eine 5,
5 - 5 = **0**
6 - 1 = 5

du erhältst also die Zahl **507**

Auf diese Art und Weise kann man beliebig viele Zahlen untereinander subtrahieren. Noch ein Beispiel, um sicher zu stellen, du hast es kapiert.

```
  4¹⁵
  3~~5~~5
- 126
-------
  229
```

5 - 6 geht nicht, deshalb wird von der nächsten Stelle - 5 eine 1 ausgeliehen und dafür wird aus der 5 die 4, 15 - 6 = **9**, 4 - 2=2 und 3 - 1 = **2**

-> somit erhältst du die Zahl 229

1.8 Mal nehmen - Halbschriftliches Multiplizieren

Das „Kleine Einmaleins" solltest du langsam beherrschen. Am besten einfach immer wieder üben.
Bei der halbschriftlichen Multiplikation musst du dir überlegen, wie du die Faktoren zerlegst, damit dir die Multiplikation möglichst leicht fällt. Anschließend zählst du die Einzelergebnisse zusammen, und hast damit dein Gesamtergebnis erreicht.

Beispiel:

23 · 4 = **92**

---

20 · 4 (= 80)
3 · 4 (= 12)

---

80 + 12 = 92

456 · 2 = **912**

---

400 · 2 (= 800)
50 · 2 (= 100)
6 · 2 (= 12)

---

800 + 100 + 12 = 912

Tipp:
Wenn du große Zahlen, die auf Nullen enden multiplizieren musst, kannst du im ersten Schritt die Nullen einfach weglassen und sie am Ende einfach wieder anhängen.

Beispiel: 5 · 80 = ________ Rechne: 5 · 8 = 40
Da du aber nicht mit 8 sondern mit 80 multiplizieren musst, hängst du einfach die fehlende Null an dein Ergebnis,

d.h. 40 wird zu 400 -> 5 · 80 = 400

Oder : 50 · 80 = ________

Hier kannst du genauso wie im ersten Beispiel rechnen

5 · 8 = 40

Diesmal ist die eigentliche Aufgabe aber 50 · 80 – insgesamt gehen 2 Nullen ab.
Kein Problem, du hängst einfach 2 Nullen an dein obiges Ergebnis:

5**0** · 8**0** = 40**00**

1.9 Teilen - Dividieren

Teilen ist die Umkehrung von Malnehmen. Deshalb solltest du auch hierfür das Einmaleins beherrschen. Wenn du weißt, dass 3 · 8 = 24 ist, dann weißt du auch, dass 24 : 3 = 8 und 24 : 8 = 3 ist.

In der 3. Klasse wird noch nicht schriftlich geteilt, sondern auch nur <u>halbschriftlich</u>. Hier zerlegst du den Dividend (1. Zahl) wiederum so, dass dir das Teilen möglichst leicht fällt.

Beispiele:

a) 54 : 3 = **18**

---

30 : 3 = 10
24 : 3 = 8

---

10 + 8 = 18

b) 56 : 4 = **14**

---

40 : 4 = 10
16 : 4 = 4

---

10 + 4 = 14

c) 568 : 8 = **71**

---

560 : 8 = 70
8 : 8 = 1

---

70 + 1 = 71

Tipp:

Auch bei der Division kannst du es dir etwas einfacher machen, wenn du mit großen Zahlen, die auf Nullen enden rechnen musst. Auch hier kannst du im ersten Schritt die Nullen einfach weglassen und sie am Ende eventuell wieder anhängen.

Beispiel: 350 : 7 = ______ Rechne: 35 : 7 = 5

Da du aber nicht 35 sondern 350 als Dividend (erste Zahl) hast, hängst du an dein Ergebnis einfach eine 0 an. D.h. 350 : 7 = **50.**

Noch ein Beispiel:

350 : 70 = _____ Rechne: 35~~0~~ : 7~~0~~ = 35 : 7 = 5

In diesem Beispiel hast du auf beiden Seiten Nullen stehen. Hier kannst du einfach auf beiden Seiten die **gleiche Anzahl Nullen** streichen. Dann brauchst du am Ergebnis noch nicht einmal etwas verändern.

Noch ein paar Beispiele, um sicher zu gehen, du hast es verstanden:

40~~0~~ : 4~~0~~ = 4~~0~~ : 4 = 10
81~~0~~ : 9~~0~~ = 81 : 9 = 9
21~~0~~ : 7~~0~~ = 210 : 7 = 30
99~~0~~ : 33~~0~~ = 99 : 33 = 3
50~~0~~ : 1~~0~~ = 50
5~~00~~ : 1~~00~~ = 5

Beachte:

Du darfst nur die gleiche Anzahl Nullen auf beiden Seiten wegstreichen oder beim Dividend (linke Zahl) erst mal eine Null weglassen, dann musst du sie am Ende ans Ergebnis wieder anhängen!

Wenn du Lust hast, denke dir noch ein paar Beispiele hierzu aus und lass sie von deinen Eltern oder älteren Geschwistern überprüfen!

3 0 0 : 1 0 =

1.10 Teilbarkeitsregeln

In dieser Tabelle stehen ein paar Tipps, wie du ohne groß zu rechnen erkennen kannst, ob eine Zahl durch eine andere Zahl teilbar ist.

Eine Zahl ist genau dann teilbar durch:

Divisor	**Regel für Dividend**
2	wenn ihre letzte Ziffer eine 0 oder eine gerade Zahl ist, d.h. 2, 4, 6 oder 8 ist.
3	wenn die Quersumme (die Summe der einzelnen Ziffern) durch 3 teilbar ist.
4	wenn ihre letzten beiden Ziffern eine Zahl ergeben, die durch 4 teilbar ist.
5	wenn ihre letzte Ziffer eine 0 oder eine 5 ist.
8	wenn ihre letzten drei Ziffern eine Zahl ergeben, die durch 8 teilbar ist.
9	wenn die Quersumme durch 9 teilbar ist.
10	wenn ihre letzte Ziffer eine 0 ist.

Eine Division durch 0 ist grundsätzlich nicht erlaubt!

Ist der Dividend 0, so ist das Ergebnis immer 0, egal wie der Teiler (Divisor) heißt. Umgekehrt ist die Multiplikation mit 0 ebenfalls immer 0.

z.B. $0 : 8 = 0$

$8 \cdot 0 = 0$

$100 \cdot 0 = 0$

2 Wiederholung 2. Klasse – zeige was du kannst!

2.1 Probe 1 - Wiederholung 2. Klasse

1. Addiere die Zahlen! 4

67 + 19 =   49 + 49 =

79 + 11 =   65 + 25 =

2. Subtrahiere die Zahlen! 4

67 − 19 =   49 − 29 =

57 − 33 =   60 − 25 =

3. Rechne aus! 6

4 + 12 = ____   40 + 15 = ____   77 + 14 = ____

28 − 4 = ____   75 − 55 = ____   86 − 49 = ____

4. Rechne im Kopf! 9

2 • 9 = ________   3 • 8 = ________   4 • 7 = ________

2 • 5 = ________   3 • 7 = ________   4 • 5 = ________

2 • 6 = ________   3 • 3 = ________   4 • 8 = ________

5. Kannst du das noch? Rechne im Kopf! 6

83 + 4 = ________   42 + ______ = 47   ______ + 6 = 67

89 − 7 = ________   48 − ______ = 7   ______ − 19 = 43

6. Nehme das Dreifache von 7 - mal der Hälfte von 6! 3

Frage: Welche Zahl erhältst Du?

Rechnung:

Antwort : Ich erhalte die Zahl: ____________________________

7. Ziehe das Vierfache von 3 von 72 ab! 3

Frage: Welche Zahl erhältst Du?

Rechnung:

Antwort : Ich erhalte die Zahl: ____________________________

Viel Erfolg!

Von 35 Punkten hast du ____ Punkte erreicht.

2.2 Probe 2 - Wiederholung 2. Klasse

1. Rechne aus! 6

5 + 16 = _____   45 + 13 = _____   71 − 9 = _____

52 − 4 = _____   17 + 17 = _____   37 + 43 = _____

2. Rechne aus! 3

12 • 4 = _______   4 • 8 = _______   5 • 9 = _______

3. Schreibe zu jeder Aufgabe die Tauschaufgabe auf. 8

9 • 7 = ________   T: ______________________

4 • 8 = ________   T: ______________________

2 • 6 = ________   T: ______________________

6 • 7 = ________   T: ______________________

4. Addiere deine Zahlen! Wenn du kannst probiere es schriftlich. 4

17	87	49	16
+ 65	+ 23	+ 59	+ 72
- - - -	- - - -	- - - -	- - - -

5. Subtrahiere die Zahlen! Wenn du kannst probiere es schriftlich. 4

34	77	89	70
- 19	- 28	- 39	- 21
- - - -	- - - -	- - -	- - - -

6. Viele Wochen hat Leonie gespart und jetzt wird es Zeit alles auszugeben. Daher geht sie in einen Spielzeugladen. Sie kauft sich eine Puppe für 19 €, zwei Kleidchen dazu für je 11 € und das Puppenbett für 27 € kann sie auch nicht stehen lassen. Da sie den Verkäufer so höflich fragt, was alles kostet, bekommt sie 4 € Ermäßigung. Sie gibt ihr gesamtes Geld aus. 3

Frage: ______________________________

Rechnung:

Antwort : ______________________________

7. Ziehe von 84 das Dreifache von 4 ab!

Frage: Welche Zahl erhältst Du? 2

Rechnung:

Antwort : Ich erhalte die Zahl ____________________

8. Benenne die vier Grundrechenarten, die du kennst und schreibe ein beliebiges Beispiel dazu auf! | 4

____

____

____

____

9. Setze den richtigen Operator ein <, >, = ! | 4

45 + 18 O 65

39 O 101 -47

94 O 58 + 26

76 – 47 O 29

10. Berechne den Unterschied bzw. die fehlende Zahl! | 3

a) zwischen 34 und 51	b) zwischen 81 und 66	99 und ____
Unterschied: ____	Unterschied: ____	Unterschied: 94

Viel Erfolg!

Von 41 Punkten hast du _____ Punkte erreicht.

2.3 Probe 3 - Wiederholung 2. Klasse

1. Rechne im Kopf! — 6

4 • 6 = 24 9 • 7 = 63
6 • 6 = 36 5 • 4 = 20
3 • 9 = 27 11 • 3 = 33

2. Rechne aus! — 6

4 + 12 = 16 55 + 23 = 78 69 – 5 = 64
56 – 4 = 52 17 – 17 = 0 37 + 44 = 81

3. Rechne aus! — 4

16 : 2 = 8 4 • 10 = 40
21 + 44 = 65 8 • 0 = 0

4. Kannst du das noch? Rechne im Kopf! — 6

79 + 4 = 83 66 + 11 = 77 72 – 3 = 69
48 + 52 = 100 33 – 16 = 17 50 + 36 = 86

5. Addiere die Zahlen! — 4

25	64	24	55
+ 44	+ 21	+ 50	+ 52
69	85	74	107

6. Löse die Divisionsaufgaben! — 6

25 : 5 = 5 36 : 6 = 6
64 : 8 = 8 49 : 7 = 7
81 : 9 = 9 80 : 10 = 8

7. Schreibe zu jeder Aufgabe die Umkehraufgabe auf. 8

8 • 7 = 56 U: 7 • 8 = 56

3 • 4 = 12 U: 4 • 3 = 12

9 • 2 = 18 U: 2 • 9 = 18

5 • 6 = 30 U: 6 • 5 = 30

8. Setze die Zahlenfolgen fort, in dem du die fehlenden Zahlen in die Tabelle einträgst! 14

5	10	15	20	25	30	35	40	45	50
30	28	26	24	22	20	18	16	14	12
8	16	24	32	40	48	56	64	72	80
6	10	14	18	22	26	30	34	38	42

Viel Erfolg!

Von 50 Punkten hast du ____ Punkte erreicht.

3 Proben Zahlenraum bis 1000!

3.1 Probe 1 - Erweiterung des Zahlenraumes

1. Rechne im Kopf aus! 5

	9	5	+	7	=	1	0	2
1	9	2	+	9	=	2	0	1
4	9	9	+	6	=	5	0	5
	9	4	+	8	=	1	0	2
5	9	6	+	5	=	6	0	1

2. Rechne im Kopf aus! 5

1	0	4	-	6	=	9	8	
3	0	8	-	9	=	2	9	9
6	0	1	-	3	=	5	9	8
9	0	2	-	5	=	8	9	7
4	0	5	-	7	=	3	9	8

3. Teile im Kopf! 5

	72	:	8	=	9			
	81	:	9	=	0			
	45	:	5	=	9			
	63	:	9	=	7			
	42	:	6	=	7			

4. Rechne im Kopf! 9

2 · 90 = 180 3 · 80 = 240 7 · 7 = 49

4 · 50 = 200 5 · 70 = 350 8 · 5 = 40

6 · 60 = 360 2 · 30 = 60 4 · 8 = 32

5. Nehme das Fünffache von 12 und ziehe die Hälfte von 40 davon ab!

Frage: Welche Zahl erhältst Du? 3

Rechnung:

Antwort: Ich erhalte die Zahl ____________________

6. Ziehe das Sechsfache von 8 von 72 ab! Zähle das Dreifache von 2 dazu.

Frage: Welche Zahl erhältst Du? 4

Rechnung:

Antwort: Ich erhalte die Zahl ____________________

7. Oma macht einen Stadtbummel. Opa bekommt ein Buch für 16 €, Tochter Susi einen schönen Blumenstrauß für 32 €. Danach geht Oma noch ins Restaurant. Am Abend denkt sie sich: „Ich habe heute 70 € ausgegeben". 3

Frage: ____________________

Rechnung:

Antwort: ____________________

Viel Erfolg!

Von 34 Punkten hast du ____ Punkte erreicht.

3.2 Probe 2 - Erweiterung des Zahlenraumes

1. Zerlege in Hunderter, Zehner und Einer und schreibe dann die Plusaufgabe! 4

   854 = ____________________ 918 = ____________________

   631 = ____________________ 220 = ____________________

2. Rechne im Kopf aus! 6

   41 + 12 = ____ 30 + 115 = ____ 717 + 14 = ____

   280 – 41 = ____ 715 - 55 = ____ 860 - 490 = ____

3. Wie heißt die Zahl? 6

   5H 3Z 7E = ____________ 3E 5Z 7H = __________

   3H 4E 7Z = ____________ 4Z 7H 7E = __________

   7E 5Z 5H = ____________ 4Z 3E 9H = __________

4. Rechne im Kopf aus! 6

   74 – 57 = ____ 100 – 22 = ____ 23 + 28 = ____

   29 + 16 = ____ 91 – 46 = ____ 69 – 52 = ____

5. Nehme die Hälfte von 48 und zähle das Vierfache von 6 dazu! 3

Frage: Welche Zahl erhältst Du?

Rechnung:

Antwort : Ich erhalte die Zahl ____________________

6. Ziehe von 84 das Dreifache von 4 ab und teile dann durch 8! | 3

Frage: Welche Zahl erhältst Du?

Rechnung:

84 − 3 · 4 = 8 = 64

Antwort : Ich erhalte die Zahl: 64

7. Timo geht mit seinem ersparten Geld einkaufen. Er gönnt sich ein paar neue Autos. Drei Mercedes für je 3 €, einen Porsche für 13 € und einen Oldtimer für 14,50 €. An der Kasse zahlt er mit den 50 €, die er von Opa bekommen hat. | 3

Frage: Wiefiel kostet es?
Wie fiel bekommt er zurück?

Rechnung:

3 € · 3 = 9 € + 13 € + 14,50 € = 36,50 €

Antwort: Er kostet 36,50 € !

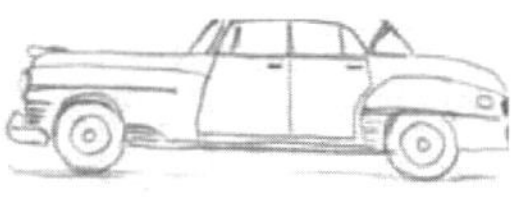

Viel Erfolg!

Von 31 Punkten hast du _____ Punkte erreicht.

3.3 Probe 3 – Erweiterung des Zahlenraumes

1. Wie lautet der zweite Summand? (6)

240 + 160 = 400 | 150 + 60 = 210
710 + 90 = 800 | 230 + 70 = 300
560 + 340 = 900 | 920 + 80 = 1000

2. Rechne im Kopf! (12)

4 · 6 = 24 | 56 : 8 = 8
9 · 7 = 63 | 6 · 6 = 36
36 : 12 = 3 | 5 · 4 = 20
24 : 6 = 4 | 81 : 9 = 9
3 · 9 = 27 | 48 : 6 = 8
40 : 8 = 5 | 11 · 3 = 33

3. Rechne im Kopf aus! (6)

41 − 11 = 30 | 155 + 23 = 178 | 317 − 14 = 303
280 + 41 = 321 | 117 − 117 = 0 | 860 − 640 = 220

4. Rechne aus! (4)

16 : 2 = 8 | 4 · 10 = 40
21 + 44 = 65 | 8 · 0 = 0

5. Ein Päckchen Kaugummi kostet 50 Cent. Paula kauft 3 Päckchen, ihr Bruder Nico kauft 5 Päckchen. (4)

Frage: **Wie viel muss Paula bezahlen und wie viel Nico?**

Rechnung:

50 Ct · 3 = 1,50 €   50 Ct · 5 = 2,50 €

Antwort: Paula muss 1,50 € bezahlen Nico muss 2,50 € bezahlen!

6. An Max Schule gibt es acht Klassen. In 3 Klassen sind 18 Schüler, in 4 Klassen 19 Schüler und 1 Klasse hat 21 Schüler! 4

Frage: **Wie viele Schüler gibt es insgesamt an dieser Schule?**

Rechnung:

Antwort : ____________________

7. Tante Frieda geht zur Bank und hebt Geld ab. Sie bekommt neun 1 € Münzen, zehn 10 € Scheine, einen 20 € Schein und noch einen 5 € Schein. 6

Frage: Wie viel Geld hat sie abgehoben? Wie viel fehlt ihr bis sie 200 € hat?

Antwort: ____________________

Viel Erfolg!

Von 42 Punkten hast du ____ Punkte erreicht.

3.4 Probe 4 – Zahlenraum bis 1000

1. Runde die Zahlen auf die Zehnerstelle: (3)

156	160	122	130	34	40
344	350	456	460	219	220

2. Runde die Zahlen auf die Hunderterstelle: (3)

156	200	122	200	134	200
344	400	456	500	219	300

3. Ordne die Zahlen der Größe nach! Beginne mit der größten Zahl! (7)

673 373 973 173 873 473 573

973, 873, 673, 573, 473, 373,

902 951 931 971 991 941 911

991, 971, 951, 941, 931, 911, 902,

4. Rechne im Kopf aus! (6)

42 : 6 = 7 45 : 9 = 5 64 : 8 = 8

24 : 4 = 6 12 : 4 = 3 210: 3 = 70

5. Rechne aus! (6)

455 + 35 = 490 568 + 22 = 590 640 + 45 = 685

924 + 33 = 957 567 + 23 = 590 824 – 44 = 868

6. Ergänze richtig zum Ergebnis! (8)

320 + 80 = 400 310 – 10 = 300

180 + 20 = 200 240 – 130 = 110

540 + 60 = 600 120 – 20 = 100

370 + 130 = 500 430 – 30 = 400

7. Trage richtig ein: < , > , = — 4

321	>	312	230	<	310
324	>	231	212	>	112
345	<	431	433	=	433
320	>	230	430	=	430

8. Bilde aus den Zahlen: 4 - 8 -3 alle möglichen dreistelligen Zahlen und ordne sie der Größe nach! — 3

843, 834, 483, 438, 384, 348,

9. Meine Zahl liegt zwischen 80 und 99, und ist das Produkt von <u>zwei</u> <u>gleichen</u> Zahlen. — 2

Frage: Wie heißt meine Zahl und wie lautet die Zahl, die mit sich selbst multipliziert meine Zahl ergibt?

Rechnung:

9 · 9 = 81

Antwort : Die Zahle heißt 81!

Viel Erfolg!

Von 42 Punkten hast du ____ Punkte erreicht.

3.5 Probe 5 – Zahlenraum bis 1000

1. Ordne die Zahlen der Größe nach. Beginne mit der kleinsten Zahl! — 10

737, 773, 733, 373, 337 — 337, 373, 733, 737, 773

244, 442, 424, 445, 543 — 244, 424, 442, 445, 543

265, 234, 333, 423, 267 — 234, 265, 267, 333, 423

326, 363, 636, 673, 633 — 326, 363, 633, 636, 673

2. Vervollständige die Zahlenreihe! — 4

239, 249 — 259, 269, 279, 289 — 299

585, 590 — 595, 605, 610, 615 — 615

3. Ich habe eine Box mit Zahlen von 21 bis 30. — 3

a) Wie viele Zahlen sind in meiner Box? (1) — 9

b) Schreibe 4 Zahlen auf, die sich in der Box befinden! (2)

21, 27, 29, 24,

4. Rechne aus! — 6

420 : 60 = 7   450 : 5 = 90   640 : 80 = 8

240 : 4 = 60   360 : 40 = 9   210 : 30 = 7

5. Rechne schriftlich – schreibe die Zahlen unter einander! — 6

455 + 135 = 590   268 + 221 = 489   640 + 245 = 885

724 + 133 = 857   167 + 213 = 380   824 – 124 = 700

6. Ergänze richtig zum Ergebnis! 8

320 + 90 = 410		310 − 13 = 297	
180 + 43 = 223		240 − 19 = 221	
540 + 48 = 588		120 − 9 = 111	
370 + 28 = 398		430 − 17 = 413	

7. Trage richtig ein: < , > , = 4

331	=	331	210	<	230
327	>	321	222	>	112
645	>	499	423	<	433
340	<	430	677	>	676

8. Löse folgende Textaufgaben! (Je 1,5 P) 6

Addiere die Zahlen 27 und 58!	27 + 58 = 85
Multipliziere die Zahlen 9 und 8!	9 · 8 = 72
Dividiere die Zahl 81 durch die Zahl 9!	81 : 9 = 9
Subtrahiere von 98 die Zahl 24!	98 − 24 = 74

9. Rechne im Kopf 4

2 · 5 = 10	3 · 8 = 24	6 · 8 = 48
5 · 6 = 30	2 · 9 = 18	7 · 3 = 21
3 · 7 = 21	4 · 7 = 28	4 · 4 = 16
7 · 8 = 56	6 · 6 = 36	7 · 6 = 42

10. Paula geht mit ihrer Mama einkaufen. Sie darf sich eine Jeans, ein T-Shirt, einen Pulli und eine Jacke aussuchen. 4

Frage: ____

Antwort: ____

Viel Erfolg!

Von 48 Punkten hast du ____ Punkte erreicht.

3.6 Probe 6 - Zahlenraum bis 1000

1. Rechne aus! — 6

425 – 125 = 300   565 – 25 = 540

230 + 35 = 265   723 + 111 = 834

238 + 128 = 366   124 – 14 = 110

2. Ich habe eine Box mit Zahlen von 101 bis 200. — 3

a) Wie viele Zahlen sind in meiner Box? (1)

99

b) Schreibe 4 Zahlen auf, die sich in der Box befinden und durch 10 teilbar sind! (2)

110, 120, 160, 180

3. Vervollständige die Zahlenreihe! — 4

239, 244 249 254 259 264 269

585, 591 597 603 609 615 621

4. Rechne im Kopf — 12

8 • 3 = 24   4 • 3 = 12   6 • 7 = 42

7 • 4 = 28   8 • 2 = 16   5 • 3 = 15

6 • 6 = 36   6 • 5 = 30   3 • 9 = 27

5 • 5 = 25   9 • 1 = 9   4 • 9 = 36

5. Schreibe die Hunderternachbarn auf! — 3

200 300 400   700 800 900

500 600 700   400 500 600

600 700 800   800 900 1000

6. Karl macht mit seinen Eltern eine Fahrradtour. Sie fahren um 8.15 Uhr los. 40 Minuten fahren sie auf gerader Strecke und schaffen in 10 Minuten 3 Km. 25 Minuten müssen sie bergauf, wobei sie hierbei nur 2 km in 10 Minuten schaffen. Endlich haben sie das Cafe erreicht, wo sie frühstücken wollen. 4

Frage: Wann sind sie da, und wie viele km sind sie gefahren?

Antwort: ________________________________

7. Bilde aus den Zahlen: 2 - 7 -1 alle möglichen dreistelligen Zahlen und ordne sie der Größe nach! Beginne mit der kleinsten. 3

127, 172, 217, 271, 712, 721 ✓

8. Julius geht 1000 m zur Schule. In 10 Minuten schafft er die halbe Strecke. 3

a) Wie lange braucht er für seinen Schulweg? er braucht 20 min ✓

b) Wie weit geht er in 5 Minuten? 25 m

c) Und wie viele Meter wären es nach 25 Minuten? 1025 m

9. Ich denke mir eine Zahl. Sie hat 8 Hunderter aber nur halb so viele Einer. Wenn ich die Hunderter durch 4 dividiere und mit 3 multipliziere, weiß ich die Zehner. 3

Meine Zahl heißt? ______________________________

Viel Erfolg!

Von 41 Punkten hast du ____ Punkte erreicht.

4 Rechnen mit Einheiten und Geometrie

4.1 Probe 1 – Einheiten und mehr

1. Paul und Julius wollen ins Kino. Das Kino kostet 5,50 €. Zusätzlich kauft sich jeder noch ein Kids-Menü zu 3,20 €. **2**

Frage: Wie viel muss jeder bezahlen und wie viel zahlen die Jungs insgesamt?

Antwort: Die Jungs bezahlen zusammen 11,90€! Und alleine 5,95€ !

2. Wandle um, in die in Klammern angegebene Einheit! **4**

a) 6 € (ct) = 600 ct

b) 800 ct (€) = 8 €

c) 32 € + 100 ct (€) = 33 € ~~3200 ct~~

d) 400 ct (€) = 4 €

3. Wandle um, in die in Klammern angegebene Einheit! **8**

a) 8,06 m (cm) = 806 cm

b) 8 cm 37 mm (mm) = 837 mm

c) 90 cm + 1000 mm (m) = 1090 m

d) 200 mm (cm) = 20 cm

e) 2,33 km (m) = 2330 m

f) 8 m 30 cm (cm) = 830 cm

g) 2000 cm (m) = 20 m

h) 180 mm (cm) = 18 cm

4. Wandle um, in die in Klammern angegebene Einheit! 8

a) 2, 6 l (cl) = 260cl

b) 8 dl (l) = 0,8l

c) 90 cl + 100 ml (dl) = 10dl

d) 400 ml (cl) = 40cl

e) 3,43 hl (l) = 343l

f) 5 l 30 cl (cl) = 53cl

g) 770 dl (l) = 77l

h) 3,5 hl (l) = 350l

5. Wandle um, in die in Klammern angegebene Einheit! 8

a) 3,45 kg (g) = 3450g

b) 6 kg 37 g (kg) = 6,037kg

c) 90 kg + 1000 g (kg) = 91kg

d) 1000 g (kg) = 1kg

e) 6,33 kg (g) = 6330g

f) 7 kg 30 g (g) = 7030g

g) 4000 g (kg) = 4kg

h) 3,7 kg (g) = 3700g

Viel Erfolg!

Von 30 Punkten hast du _____ Punkte erreicht.

4.2 Probe 2 - Rechnen mit Einheiten

1. Rechne in die angegebene Einheit um! 8

s	min
540 s	
660 s	
	8 min
	5 min 32 s

min	h
180 min	
330 min	
	2 ½ h
	9 h 45 min

2. Ergänze! 6

a) 1 h = _________ min.

b) Eine Dreiviertelstunde hat _______ min.

c) 1 Jahr hat _________ Wochen, das sind __________ Tage.

d) 1 Monat hat etwa _______ Tage, das sind ungefähr ________ Wochen.

3. Sortiere der Größe nach! Beginne mit dem Kleinsten! 3

1000 ml 450 ml ½ l 1 ½ hl 1,5 l 750l

1l 0,45l 0,5l 150l

0,45l, 0,5l 1l 1,5l 150l 750l

4. Rechne in die angegebene Einheit um! 8

ml	l
30 ml	0,030 l
750ml	¾ l
1000ml	1 l
500 ml	2/4 l 1/2 l

l	hl
100 l	1 hl
900 l	9hl
50 l	½ hl (0,5 hl)
350 l	3,5 hl

5. Setze den richtigen Operator ein: >, <, = ! 3

a) 2500 m ____ 2,5 km b) 350 m____ $\frac{3}{4}$ km c) 300 m ____ $\frac{1}{4}$ km

d) 0,8 km ____ 800 m e) 50 km ____ 5000 m f) 0, 5 km ____ $\frac{1}{4}$ km

6. Sortiere der Größe nach! Beginne mit dem Kleinsten! 3

10 kg 470 g $\frac{1}{2}$ kg 1 $\frac{1}{2}$ kg 1,25 kg 750 g

____

7. Johannes wünscht sich ein Ski-Set. Das Set ist reduziert von 429 € auf 298 €. 3

F: ____

R: ____

____

A: ____

8. a) In die Grundschule in Grünwald gehen 520 Schüler. In der ersten und zweiten Klasse sind es zusammen 310 Schüler. 125 Schüler sind Viertklässler.  5 3

Frage: ____

Antwort: ____

b) In eine Klasse dürfen maximal 22 Schüler gehen. Wie viele 3. Klassen gibt es? A: ____ 2

Viel Erfolg! Von 39 Punkten hast du ____ Punkte erreicht.

4.3 Probe 1 - Geometrie

1. Was verbirgt sich hinter den Aussagen? Schreibe die richtige Bezeichnung auf! — 4

Aussage	Körper
Er ist von allen Seiten völlig gleich.	
Er hat zwei Kreise als Flächen.	
Der Körper hat weder Kanten noch Ecken.	
Er hat zwölf Kanten und immer vier davon sind gleich groß.	

2. Wie lautet der Überbegriff für diese Bilder? ____________________ — 5
Beschrifte die Bilder entsprechend den zugeordneten Zahlen.

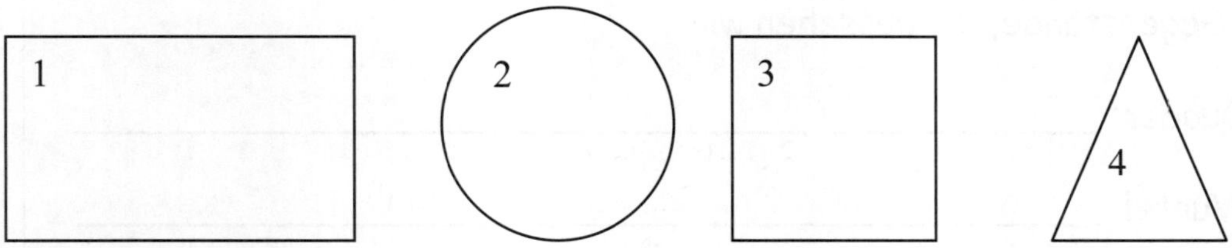

1 ____________________ 2 ____________________

3 ____________________ 4 ____________________

3. Gib an, bei welchen Netzen es sich um ein Würfelnetz handelt! Schreibe die entsprechenden Zahlen auf! — 5

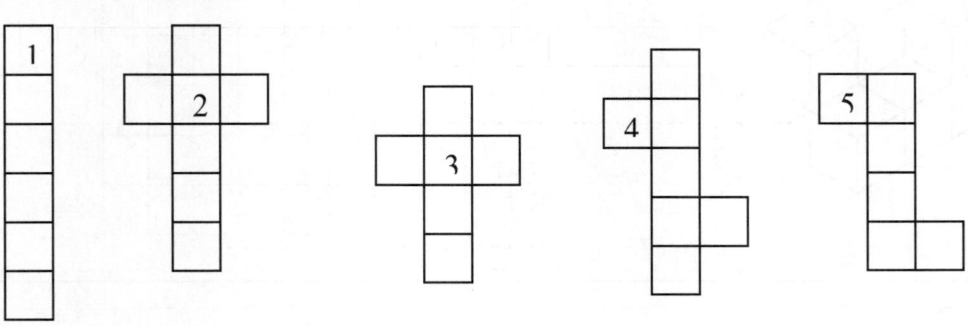

____

4. Gib die Ecken und Kanten folgender Körper an! (4)

	Würfel	Quader	Zylinder	Kugel
Ecken				
Kanten				

5. Was trifft auf einen Quader zu? Kreuze richtig an! (2)

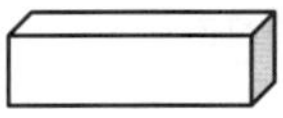

- ○ Ein Quader hat 6 Seiten.
- ○ Ein Quader hat 8 Seiten.
- ○ Alle Seiten sind gleich groß.
- ○ Alle gegenüberliegenden Seiten sind gleich groß.

6. Welche Flächen brauchst du für eine Pyramide? Gib die genaue Anzahl an! (2)

✍ ____

7. Nenne Gegenstände, die aussehen wie (3)

a) ein Quader: ____

b) ein Würfel: ____

c) eine Kugel: ____

8. Zeichne zu diesem Körper den Bauplan (3)

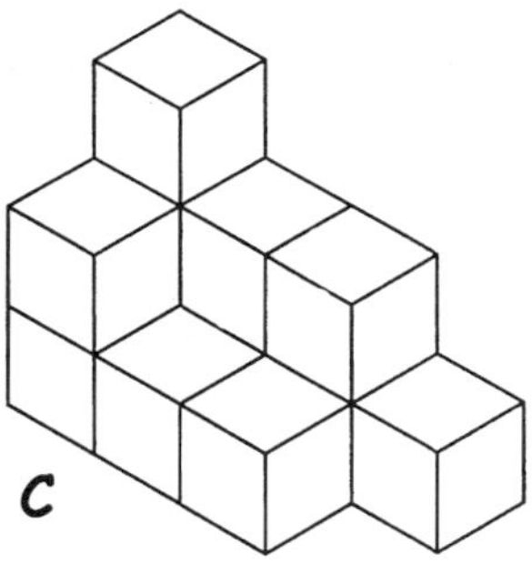

C

Viel Erfolg!

Von 28 Punkten hast du _____ Punkte erreicht.

4.4 Probe 2 - Geometrie

1. Wie lautet der Überbegriff für diese Bilder? ____________________ 5
Beschrifte die Bilder entsprechend den zugeordneten Zahlen!

1 ____________________ 2 ____________________

3 ____________________ 4 ____________________

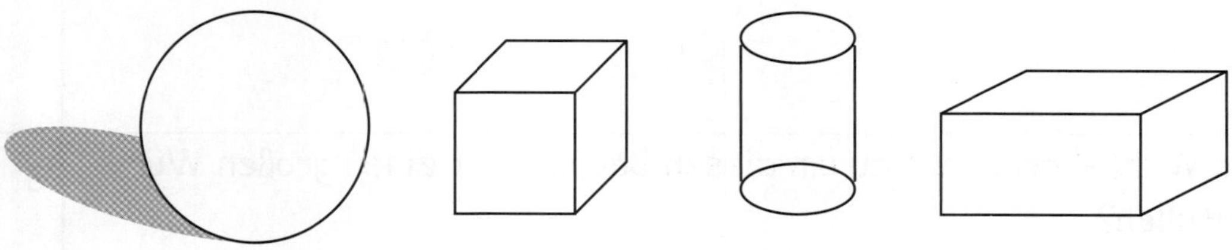

1 2 3 4

2. Gib an, bei welchen Netzen es sich um ein Würfelnetz handelt! Schreibe die entsprechenden Zahlen auf! 5

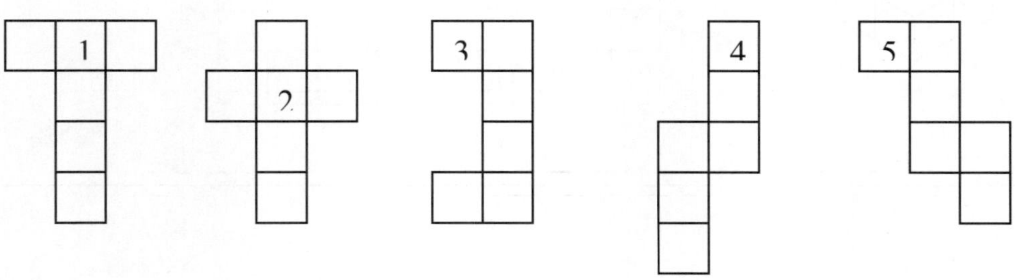

____

3. Benenne die Seiten des Würfels: 6

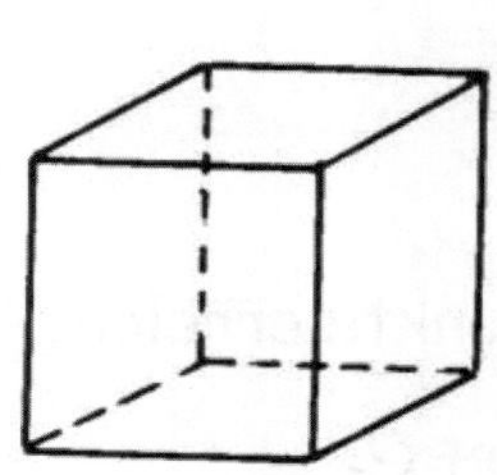

4. Zeichne zu diesem Körper den Bauplan. 3

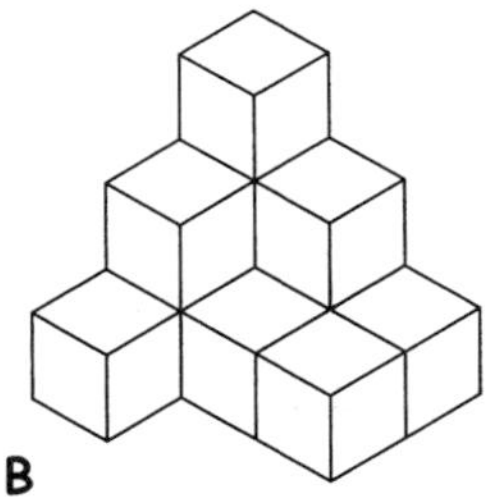

B

5. Wie viele Würfel brauchst du um diesen Bauplan auf einen großen Würfel aufzufüllen? 3

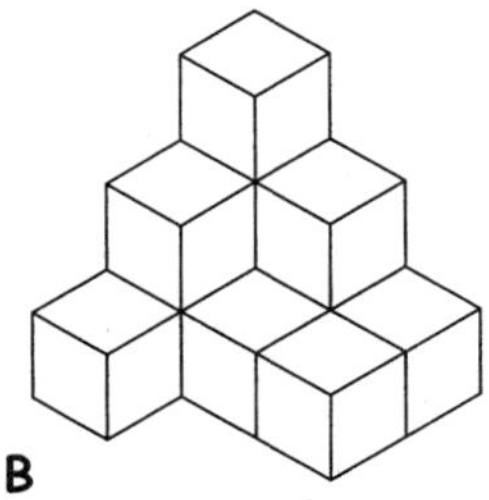

B

Viel Erfolg!

Von 22 Punkten hast du _____ Punkte erreicht.

5 Zahlenraum bis 1000

5.1 Probe 1 - Zahlenraum bis 1.000

1. Führe folgende Rechenoperationen durch! 8

9 · 6 = 54   7 · 8 = 56

5 · 6 = 30   9 · 5 = 45

64 : 8 = 8   42 : 6 = 7

36 : 4 = 9   32 : 4 = 8

2. Führe folgende Rechenoperationen durch 8

12 · 3 = 36   15 · 2 = 30

11 · 3 = 33   14 · 2 = 28

28 : 7 = 196   72 : 8 = 9

63 : 7 = 421   24 : 3 = 8

3. Führe folgende Rechenoperationen durch! 15

500 + 300 = 800   300 + 400 = 700   690 + 200 = 490

900 – 200 = 700   700 – 200 = 500   700 – 500 = 200

350 + 230 = 580   620 + 180 = 560   260 + 440 = 700

450 - 240 = 210   730 - 530 = 200   760 - 620 = 140

255 + 250 = 5   419 + 180 = 599   195 + 160 = 355

4. Fülle die Tabelle und gib ein einfaches Beispiel an! 8

Rechenoperation	Fachbegriffe (je ½ Punkt)	Rechenzeichen (je ½ Punkt)	Beispiel (je 1Punkt)
Plus			
Minus			
Mal			
Teilen			

5. **Schreibe die folgenden Textaufgaben als Rechenaufgabe und berechne sie!** 4

Bilde die Summe aus den Zahlen 300 und 660.

____

Bilde die Differenz aus den Zahlen 700 und 300.

____

Bilde das Produkt aus den Zahlen 7 und 8.

____

Bilde den Quotienten aus den Zahlen 64 und 8.

____

6. **Rechne vorteilhaft. Überlege, wie du die einzelnen Zahlen so umstellen kannst, dass du möglichst schnell und einfach rechnen kannst! Schreibe zuerst die neue Anordnung auf und dann das Ergebnis.** 6

25 + 35 + 77 + 15 + 13 + 85 = 3

___________________________ = __________

250 + 125 + 87 + 75 + 13 + 250 = 3

___________________________ = __________

7. Meine Zahl liegt zwischen 10 und 20, ist eine gerade Zahl und ein Vielfaches von 9. 2

Frage: Wie heißt meine Zahl?

Rechnung:

Antwort : ___________________________________

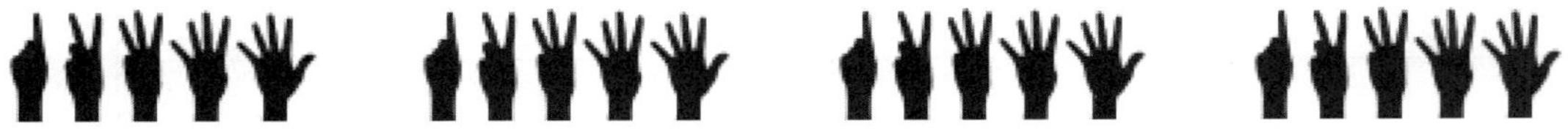

8. In der Klasse 3b sind 26 Kinder. Die Lehrerin bietet eine Zusatzstunde Wave-Board an. Die Kinder sind begeistert und möchten alle teilnehmen. Es können jedoch immer nur 8 Kinder gleichzeitig teilnehmen. 2

<u>Frage</u>: Wie viele Übungsstunden muss die Lehrerin anbieten, damit alle Kinder teilnehmen können.

Rechnung:

A: ____

Viel Erfolg!

Von 53 Punkten hast du ____ Punkte erreicht.

5.2 Probe 2

1. Runde die Zahlen auf die nächste **Zehner**stelle: 3

176 ____________ 372 ____________ 784 ____________

142 ____________ 876 ____________ 399 ____________

2. Runde die Zahlen auf die nächste **Hunderter**stelle: 3

178 ____________ 372 ____________ 784 ____________

142 ____________ 876 ____________ 999 ____________

3. Ordne die Zahlen der Größe nach! Beginne mit der **kleinsten** Zahl! 7

891 572 872 542 841 387 937

____

638 456 876 123 432 987 654

____

4. Rechne die Geteiltaufgaben im Kopf! 6

42 : 7 = ________ 81 : 9 = ________ 56 : 8 = ________

24 : 12 = ________ 12 : 3 = ________ 210: 7 = ________

5. Rechne aus! 6

455 + 25 = ________ 568 - 28 = ________ 640 - 55 = ________

924 + 13 = ________ 567 + 33 = ________ 824 + 4 = ________

6. Rechne schriftlich aus! 3

		9	6	5						8	3	8						5	3	5
	-		6	8					-		6	4					-		8	7

7. In München steigen 180 Fahrgäste in den ICE nach Berlin. In Nürnberg steigen 120 Person aus und 80 Personen zu. 3

Frage: ____

Antwort:

____

8. Rechne 6

455 − 25 = ______ 568 + 32 = ______ 640 + 55 = ______

724 + 113 = ______ 267 + 111 = ______ 124 − 14 = ______

9. Es gibt **zwei** Zahlen unter 1000, für die Folgendes gilt: Die Zahl hat doppelt so viele Einer wie Zehner und doppelt so viele Zehner wie Hunderter. 2

Um welche Zahlen handelt es sich? __________ __________

____

____

10. Tine, Lena und Jojo haben zusammen 250,-- Euro. Tine hat 132 Euro, Lena besitzt 8 Euro mehr als Jojo. 4

Frage: **Wie viel Euro hat Lena und wie viel Euro hat Jojo?**

Rechnung:

Antwort : ____

____

11. Rechne schriftlich - schreibe die Zahlen unter einander! (je 1,5 P) 6

455 + 135 + 245 = ________ 268 + 251 + 324 = ________

724 + 133 + 124 = ________ 640 + 167 + 213 = ________

12. Meine Zahl liegt zwischen 30 und 50, ist eine gerade Zahl und ein Vielfaches von 5. 4

Frage: Wie heißt meine Zahl?

Rechnung:

Antwort : ____

____

Viel Erfolg!

Von 36 Punkten hast du _____ Punkte erreicht

5.3 Probe 3 - Zahlenraum bis 1.000

1. Subtrahiere! 3

	7	6	7
-		4	3

	5	8	8
-		2	2

	8	5	3
-		8	5

2. Rechne aus! 8

486 – 7 = ____________ 805 – 30 = ____________

697 + 8 = ____________ 130 + 700 = ____________

307 - 9 = ____________ 350 – 330 = ____________

395 + 8 = ____________ 497 + 500 = ____________

3. Zahlenrätsel. Schreibe alle Rechenschritte auf! 4

Addiere 36 und 24. Teile dann das Ergebnis durch 12. Multipliziere nun deine Zahl mit dem doppelten von 3! Welche Zahl wird gesucht? ____________

4. Familie Maier kauft ein Sofa für 450 €. Für einen passenden Couchtisch gibt sie zusätzlich 158 € aus. 2

Frage: Wie viel Geld muss Familie Maier insgesamt ausgeben?

Antwort: ____

5. Am Donnerstag besuchten 470 Personen die Premiere im Nationaltheater. Am nächsten Tag waren es sogar 260 Personen mehr. — 2

Frage: ______________________________

Antwort:

____

6. Rechne in sinnvollen Schritten! (je 1, 5 P) — 9

a) 360 : 6 = ____________

b) 530 : 5 = ____________

c) 190 · 2 = ____________

d) 210 · 3 = ____________

e) 12 · 4 = ____________

f) 13 · 7 = ____________

7. Zähle 185 und 355 zusammen und teile das Ergebnis durch 90. Welche Zahl erhältst Du? ____________ — 2

Rechnung:

8. Rechne im Kopf! 8

210 : 70 =	________	98 : 2 =	________
6 · 40 =	________	50 · 6 =	________
70 · 0 =	________	30 · 7 =	________
64 : 8 =	________	9 · 90 =	________

9. Paulas Klasse geht ins Kino. Insgesamt sind es 23 Kinder, zusätzlich begleiten auch noch 4 Eltern die Klasse. 5 Kinder kaufen sich Gummibärchen, 10 ein kleines Eis. Die Lehrerin zahlt alles an der Kasse. 6

Preise:

Eintritt Kinder:	5 €
Eintritt Erwachsene:	8 €
Kinotag Eintritt :	4 €
Gummibärchen:	3 €
Kleines Eis:	2 €
Limo, Cola, Fanta:	1,50 €

Frage: ______________________________________

____

Rechnung:

Antwort: ______________________________________

Viel Erfolg!

Von 44 Punkten hast du ____ Punkte erreicht!

5.4 Probe 4 - Zahlenraum bis 1000

1. Rechne halbschriftlich! (8)

7 · 86 = ____________ 7 · 49 = ____________

____________ ____________

____________ ____________

126 : 6 = ____________ 405 : 9 = ____________

____________ ____________

____________ ____________

2. Rechne im Kopf! (6)

326 – 7 = ____________ 207 – 9 = ____________

697 + 8 = ____________ 235 + 8 = ____________

30 · 5 = ____________ 981 : 9 = ____________

(3)

3. Ich habe eine Box mit Zahlen von 101 bis 1000.

a) Wie viele Zahlen sind in meiner Box? (1) ____________

b) Schreibe 4 Zahlen auf, die sich in der Box befinden und durch 3 teilbar sind! (2)

____

4. Subtrahiere schriftlich! (4)

	H	Z	E				H	Z	E				H	Z	E				H	Z	E
	8	5	1				3	6	0				1	3	4				5	5	5
-	6	8	2			-	1	9	1			-		8	6			-		6	8

5. Multipliziere die Zahlen 12 und 3. Addiere dann zum Ergebnis das Vierfache von 11. Wie lautet dein Ergebnis: ______________ 3

____

____

6. Ergänze auf **1 000!** a) 521 b) 842 c) 819 d) 319 4

______________________ ______________________

______________________ ______________________

7. Bilde die Quersummen! 4

210	
987	
345	
1000	

8. Addiere die Summe aus 222 und 78 mit der Differenz aus 481 und 380. Welche Zahl erhältst du? ______________ 3

Rechnung:

9. Rechne im Kopf 8

210	:	30	= ________	1000	:	4	= ________
60	·	6	= ________	540	:	60	= ________
70	·	4	= ________	50	·	7	= ________
640	:	8	= ________	70	·	9	= ________

10. Eine Klasse mit 31 Kindern geht auf den Jahrmarkt. Alle Kinder wollen Autoskooter fahren. 6 Kinder können gleichzeitig fahren. 3

Frage: Wie viele Runden muss der Lehrer abwarten, bis alle Kinder einmal gefahren sind? Schreibe alle Rechenschritte auf!

Antwort : ______________________________

____

3

11. Zahlenrätsel. Schreibe alle Rechenschritte auf! 

Wenn ich vom Neunfachen einer Zahl 51 abziehe, erhalte ich die Zahl 21.
Welche Zahl wird gesucht? ______________

Viel Erfolg!

Von 49 Punkten hast du ____ Punkte erreicht.

5.5 Probe 5

1. Addiere die Zahlen! (4)

648	579	433	651
+ 121	+ 231	+ 458	+ 259

2. Subtrahiere die Zahlen! (3)

567	359	153
- 58	- 160	- 85

3. Rechne aus! Beachte die Punkt-vor-Strich-Regel! (6)

12 : 3 + 12 = ____ 40 + 15 : 5 = ____ 77 − 4 · 8 = ____

28 − 4 · 2 = ____ 9 · 5 − 45 = ____ 86 + 49 : 7 = ____

4. Rechne in Schritten! (6)

49 · 9 = ________ 86 · 8 = ________ 64 · 7 = ________

5. Rechne (9)

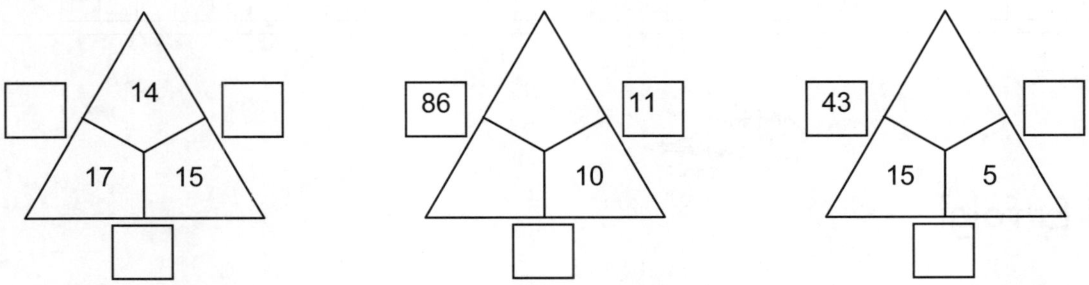

6. Hr. Maier hat für seinen Kramerladen 1000 kg Birnen bestellt, die er in 3 Lieferungen bekommt. Mit der ersten Lieferung bekommt er 466 kg. Die zweite Lieferung wog die Hälfte der ersten Lieferung. 3

Frage: Wie viel wog die dritte Lieferung?

Rechnung:

Antwort : ______________________________

____

7. Teile halbschriftlich, in dem du sinnvoll zerlegst! 4

357 : 7 = ____________ 108 : 9 = ____________

8. Addiere den sechsten Teil von 300 zum fünften Teil von 250. 3

Viel Erfolg!

Von 38 Punkten hast du ____ Punkte erreicht.

5.6 Probe 6 - Zahlenraum bis 1000

1. Addiere die Zahlen bzw. fülle die Lücken! (4)

1 7 8	6 7 9	4 9 3	3 _ 3
+ 4 5 7	+ 2 3 7	+ 5 9 9	+ 5 2 _
- - - -	- - - -	- - - -	- - - -
			_ 8 2

2. Subtrahiere die Zahlen bzw. fülle die Lücken! (4)

3 3 7	5 7 7	_ _ _	7 0 0
- 1 9 8	- 2 2 8	- 3 9 5	- 2 1 8
- - - -	- - - -	- - - -	- - - -
		9 5	

3. Rechne aus! Beachte eine wichtige Rechenregel! (6)

32 : 2 + 12 = _____ 55 + 63 : 7 = _____ 69 – 5 • 6 = _____

56 – 4 • 2 = _____ 3 • 17 - 17 = _____ 119 + 44 : 4 = _____

4. Rechne halbschriftlich in Schritten! (6)

32 • 4 = __________ 64 • 8 = __________ 55 • 9 = __________

____________________ ____________________ ____________________

____________________ ____________________ ____________________

5. Rechne halbschriftlich! (8)

6 • 36 = __________________ 3 • 49 = __________________

______________________________ ______________________________

______________________________ ______________________________

128 : 4 = __________________ 425 : 5 = __________________

______________________________ ______________________________

______________________________ ______________________________

6. Zur Fußball WM gibt es 730 Fußbälle beim Sporthaus Wagner im Angebot für 10,-- Euro. Bereits am ersten Tag sind schon 352 Bälle verkauft. 3
   a) Wie viele Bälle sind noch übrig.
   b) Wie viel hat das Sporthaus am ersten Tag eingenommen?

Rechnung:

Antwort : ______________________________

7. Rechne aus! 9

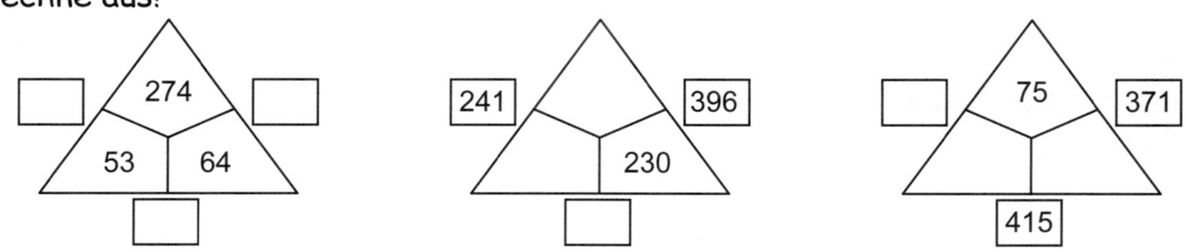

8. Welche Zahlen fehlen? 4

86 + ___ = 100
187 + ___ = 200
682 + ___ = 700
993 + ___ = 1000

100 - ___ = 83
600 - ___ = 577
900 - ___ = 881
200 - ___ = 177

Viel Erfolg!

Von 44 Punkten hast du _____ Punkte erreicht.

5.7 Probe 7

1. Addiere die Zahlen! 4

	4	2	5				6	4	7				2	4	9			5	5	3	
+	2	4	4			+	2	1	4			+	6	0	7		+	3	2	9	

2. Rechne im Kopf! 6

4 · 7 = ______ 56 : 7 = ______ 9 · 7 = ______

6 · 6 = ______ 36 : 12 = ______ 5 · 4 = ______

24 : 4 = ______ 81 : 9 = ______ 3 · 9 = ______

48 : 8 = ______ 42 : 5 = ______ 11 · 3 = ______

3. Rechne schriftlich, in dem du sinnvoll zerlegst! 4

a) 404 : 4 = ________ b) 663 : 3 = ________

c) 270 : 9 = ________ d) 864 : 8 = ________

4. Rechne aus! Beachte die Punkt-vor-Strich-Regel! 10

56 – 16 : 8 = ____________________

4 • 17 – 17 = ____________________

121 + 44 : 11 = ____________________

2 • 9 + 7 • 5 = ____________________

5 • 7 – 3 • 9 = ____________________

5. Rechne in Schritten! | 3

64 • 8 = ____________   57 • 4 = ____________

____________   ____________

____________   ____________

6. An Tinas Schule gibt es acht Klassen, in 3 Klassen sind 24 Schüler, in 4 Klassen 23 Schüler und 1 Klasse hat 21 Schüler! | 4

Frage: ____________________________

Rechnung:

Antwort : ____________________________

7. Benenne die lateinischen Begriffe folgender Grundrechenarten: | 2

Zusammenzählen ____________________________

Teilen ____________________________

8. Rechne im Kopf! | 5

430	-	50	=	
280	+	60	=	
570	-	90	=	
340	-	60	=	
810	+	90	=	

Viel Erfolg!

Von 38 Punkten hast du _____ Punkte erreicht.

5.8 Probe 8 - Zahlenraum bis 1000

1. Denke an die Rechenregel „Punktrechnung vor Strichrechnung"! 10 + 7 • 4 = ______ 45 – 3 • 9 = ______ 30 + 7 • 4 = ______ 55 – 4 • 9 = ______	8
2. Welche Zahl fehlt? Rechne! ____ • 8 = 64 ____ • 9 = 54 ____ • 5 = 35 ____ • 8 = 32 ____ • 8 = 40 ____ • 9 = 72 ____ • 5 = 45 ____ • 8 = 24	8
3. Denke an ‚Punkt vor Strich'! 3 • 2 + 4 • 3 = ______ 7 • 6 – 3 • 2 = ______ 3 • 9 + 7 • 5 = ______ 4 • 2 + 3 • 3 = ______	8
4. Löse die Divisionsaufgaben! 25 : 5 = ____ 36 : 4 = ____ 48 : 8 = ____ 54 : 9 = ____ 42 : 7 = ____ 63 : 9 = ____ 28 : 4 = ____ 36 : 9 = ____ 81 : 9 = ____ 49 : 7 = ____ 18 : 3 = ____ 21 : 7 = ____	12
5. Drei Zahlen ergeben zusammen 144. Die erste Zahl ist das Doppelte von 12, die zweite Zahl ist das Zweifache der dritten Zahl. Um welche Zahlen handelt es sich? Schreibe alle Rechenschritte auf! Antwort : ______	5

6. Lara hat ein neues Hobby – sie fotografiert. Im letzten Jahr hat sie 7 Filme verbraucht. Jeder reicht für 24 Bilder. Lara hat ein Fotoalbum mit 75 Seiten bekommen. Auf jede Seite passen 4 Bilder. 5

Frage: Reicht das Album für die Fotos vom letzten Jahr? 

Antwort: ____

7. Familie Bauer fährt mit dem Auto nach Italien. Sie müssen 527 km weit fahren. Nach 364km legen sie eine Pause ein. 2

Frage: Wie weit ist es noch bis zum Ziel?

Antwort: ____

8. Marie sagt: "Wenn ich drei Zahlen verdopple, erhalte ich 410, 520 und 620?" 4

Frage: ____

Antwort: ____

Viel Erfolg!

Von 52 Punkten hast du _____ Punkte erreicht.

6 Übungen zum kleinen Einmaleins

Das Einmaleins muss einfach sitzen, da musst du üben, üben, üben ... Lass dich immer wieder abfragen, wenn dir langweilig ist, beim Autofahren oder im Supermarkt. Irgendwann sitzt es, und dann kannst du es dein Leben lang.

6.1 Übungen zum kleinen Einmaleins: (Multiplikation)

2 · 4 = 8	4 · 8 = 32	5 · 9 =
5 · 4 = 20	2 · 9 = 18	4 · 8 =
3 · 5 = 15	4 · 7 = 28	3 · 7 =
7 · 8 = 56	7 · 6 = 42	2 · 6 =
9 · 3 = 27	5 · 5 = 25	9 · 8 =
2 · 9 = 18	6 · 4 = 24	8 · 9 =
8 · 2 = 16	3 · 3 = 9	7 · 7 =
7 · 7 = 49	7 · 2 = 14	6 · 8 =
6 · 5 = 30	5 · 1 = 5	4 · 9 =
5 · 1 = 5	8 · 0 = 0	5 · 5 =
4 · 0 = 0	4 · 9 = 36	3 · 4 =
3 · 5 = 15	3 · 8 = 24	5 · 3 =
4 · 9 = 36	5 · 7 = 35	8 · 2 =
5 · 3 = 15	7 · 6 = 42	6 · 9 =
6 · 8 = 48	6 · 5 = 30	7 · 8 =
7 · 4 = 28	7 · 4 = 28	9 · 9 =
8 · 6 = 48	9 · 3 = 27	2 · 7 =
9 · 5 = 45	7 · 2 = 14	3 · 6 =
10 · 7 = 70	8 · 6 = 48	4 · 9 =
5 · 9 = 45	6 · 2 = 12	5 · 5 =
2 · 4 = 8	4 · 4 = 16	6 · 9 =
1 · 2 = 2	5 · 3 = 15	7 · 4 =
3 · 9 = 27	3 · 5 = 15	8 · 8 =
5 · 7 = 35	2 · 8 = 16	9 · 7 =
4 · 5 = 20	4 · 9 = 36	1 · 9 =
6 · 4 = 24	7 · 7 = 49	8 · 8 =

6.2 Übungen zum kleinen Einmaleins: (Multiplikation)

2 • 5 = 10	3 • 8 = ______	6 • 8 = ______
5 • 6 = 30	2 • 9 = ______	7 • 3 = ______
3 • 7 = 21	4 • 7 = ______	4 • 4 = ______
7 • 8 = 56	6 • 6 = ______	5 • 6 = ______
9 • 9 = 81	7 • 5 = ______	8 • 8 = ______
2 • 2 = 4	8 • 4 = ______	9 • 7 = ______
8 • 3 = 24	4 • 3 = ______	6 • 7 = ______
7 • 4 = 28	8 • 2 = ______	5 • 3 = ______
6 • 6 = 36	6 • 5 = ______	3 • 9 = ______
5 • 5 = 25	9 • 1 = ______	4 • 9 = ______
4 • 7 = 28	5 • 2 = ______	2 • 5 = ______
5 • 8 = 46	4 • 3 = ______	5 • 2 = ______
4 • 9 = 36	3 • 4 = ______	9 • 3 = ______
5 • 3 = 15	2 • 5 = ______	7 • 8 = ______
6 • 2 = 12	6 • 6 = ______	9 • 7 = ______
7 • 4 = 28	8 • 7 = ______	8 • 9 = ______
8 • 5 = 40	9 • 3 = ______	3 • 7 = ______
9 • 6 = 54	7 • 2 = ______	4 • 6 = ______
7 • 7 = 49	5 • 6 = ______	5 • 9 = ______
5 • 8 = 40	6 • 2 = ______	6 • 5 = ______
2 • 9 = 18	4 • 4 = ______	7 • 9 = ______
5 • 2 = 10	5 • 3 = ______	8 • 4 = ______
3 • 3 = 9	3 • 7 = ______	9 • 8 = ______
5 • 4 = 20	2 • 8 = ______	2 • 7 = ______
4 • 5 = 20	9 • 9 = ______	3 • 9 = ______
6 • 6 = 36	7 • 7 = ______	7 • 8 = ______
7 • 7 = 49	4 • 6 = ______	8 • 9 = ______
5 • 8 = 40	6 • 9 = ______	9 • 7 = ______
2 • 9 = 18	5 • 4 = ______	5 • 8 = ______
8 • 8 = 54	3 • 7 = ______	6 • 9 = ______

6.3 Übungen zum Einmaleins: (Multiplikation und Division)

12 : 4 = ________	24 : 8 = ________	54 : 9 = ________
52 : 4 = ________	3 · 9 = ________	24 : 8 = ________
35 : 5 = ________	5 · 7 = ________	35 : 7 = ________
7 · 8 = ________	72 : 6 = ________	12 · 6 = ________
9 · 3 = ________	5 · 5 = ________	96 : 8 = ________
2 · 9 = ________	56 : 4 = ________	9 · 9 = ________
8 : 2 = ________	33 · 3 = ________	77 : 7 = ________
77 : 7 = ________	72 : 8 = ________	16 : 8 = ________
6 · 5 = ________	5 · 10 = ________	64 : 8 = ________
5 · 10 = ________	80 · 0 = ________	55 · 5 = ________
6 · 0 = ________	45 : 9 = ________	32 : 4 = ________
30 · 5 = ________	32 : 8 = ________	51 : 3 = ________
45 : 9 = ________	5 · 7 = ________	18 · 2 = ________
27 : 3 = ________	7 · 7 = ________	6 · 6 = ________
64 : 8 = ________	60 : 5 = ________	7 · 8 = ________
7 · 4 = ________	7 · 4 = ________	99 : 9 = ________
48 : 6 = ________	90 : 3 = ________	12 · 7 = ________
90 : 5 = ________	72 : 9 = ________	36 : 6 = ________
21 : 7 = ________	48 : 6 = ________	4 · 9 = ________
5 · 9 = ________	16 : 2 = ________	25 : 5 = ________
2 · 4 = ________	4 · 4 = ________	6 · 9 = ________
11 · 2 = ________	15 · 3 = ________	7 · 4 = ________
36 : 9 = ________	30 : 5 = ________	8 · 8 = ________
5 · 7 = ________	24 : 8 = ________	49 : 7 = ________
40 : 5 = ________	4 · 9 = ________	27 : 9 = ________
64 : 4 = ________	7 · 7 = ________	8 · 8 = ________
7 · 3 = ________	36 : 6 = ________	3 · 9 = ________
25 · 2 = ________	7 · 5 = ________	56 : 7 = ________
81 : 9 = ________	21 : 7 = ________	5 · 9 = ________

6.4 Übungen zum Einmaleins: (Multiplikation und Division)

12 : 3 = ________	24 : 3 = ________	54 : 6 = ________
52 : 4 = ________	7 • 9 = ________	24 : 3 = ________
35 : 7 = ________	5 • 6 = ________	35 : 5 = ________
72 : 8 = ________	84 : 6 = ________	12 • 6 = ________
90 : 3 = ________	5 • 7 = ________	56 : 8 = ________
27 : 9 = ________	64 : 4 = ________	8 • 9 = ________
8 • 2 = ________	11 • 3 = ________	49 : 7 = ________
97 : 7 = ________	56 : 8 = ________	32 : 8 = ________
6 • 5 = ________	7 • 7 = ________	4 • 8 = ________
5 • 9 = ________	88 : 11 = ________	55 • 5 = ________
6 • 7 = ________	63 : 9 = ________	36 : 4 = ________
30 : 5 = ________	32 : 4 = ________	21 : 3 = ________
54 : 9 = ________	5 • 8 = ________	17 • 2 = ________
27 : 3 = ________	7 • 9 = ________	60 : 6 = ________
64 : 8 = ________	80 : 5 = ________	8 • 8 = ________
7 • 8 = ________	27 : 3 = ________	49 : 7 = ________
42 : 6 = ________	90 : 6 = ________	42 : 7 = ________
55 : 5 = ________	72 : 8 = ________	96 : 6 = ________
42 : 7 = ________	48 : 8 = ________	7 • 9 = ________
7 • 9 = ________	36 : 4 = ________	20 : 5 = ________
28 : 4 = ________	4 • 4 = ________	6 • 7 = ________
11 • 2 = ________	25 • 3 = ________	9 • 4 = ________
36 : 9 = ________	45 : 9 = ________	8 • 8 = ________
5 • 7 = ________	32 : 4 = ________	49 : 7 = ________
40 : 5 = ________	4 • 7 = ________	27 : 3 = ________
64 : 4 = ________	4 • 4 = ________	9 • 8 = ________
11 • 3 = ________	36 : 6 = ________	5 • 9 = ________
25 • 2 = ________	7 • 8 = ________	56 : 8 = ________
81 : 9 = ________	21 : 7 = ________	6 • 9 = ________

7 Knacknüsse und noch mal zu allem ein bisschen

Ideal zum Wiederholen in den Ferien

1) Vermehre 45 um 15!	1
2) 1,48 m = ____________ cm	1
3) 2 kg = ______________ g	1
4) Rechne um: 80 mm = _______________ cm	1
5) Rechne um: 2,20 m = ________________ cm	1
6) 1 t = __________________ kg	1
7) $\frac{1}{2}$ t = __________________ kg	1
8) Wie viele Flächen hat ein Quader? __________________________	1
9) Wie heißt dieser Körper und wie viele Ecken hat dieser? 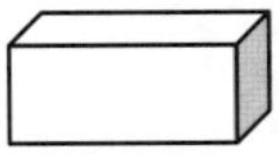 ____	2
10) Wie heißt dieser Körper und wie viele Ecken hat er?  ____	2
11) Wie nennt man folgende Figur? 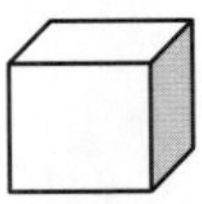 ________________________________	1
12) Wie heißt der Körper?  ○ Würfel ○ Quader ○ Kegel ○ Rechteck ○ Zylinder ○ Kugel	1
13) Wie viele Ecken hat eine Kugel? ______________ Wie viele Flächen hat eine Kugel? _____________	1 1

14) Paula, Nina und Paulina kaufen sich gemeinsam Gogos für 18 €. Sie zahlen alle gleich viel, wie viel muss jeder bezahlen? Kannst du dies ausrechnen? A: ____________________ 2

15) Wie viele Flächen hat dieser Körper? ______ 4

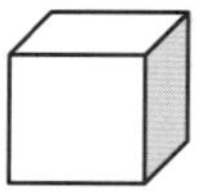

Wie viele Ecken? __________

Welche Zahl ergeben die beiden gegenüberliegenden Augenzahlen eines Würfels zusammen? ______________

16) Christina würfelt mit 4 Würfeln. Sie zählt alle Augen zusammen und kommt auf 19. Bis auf einen Würfel zeigen alle die 6 an. 2

Frage: Welche Zahl zeigt der letzte Würfel an?

Antwort: ____________________

17) Rechne im Kopf 12

210 : 30 = ______	48 : 2 = ______
6 · 40 = ______	5 · 60 = ______
10 · 0 = ______	30 · 30 = ______
81 : 9 = ______	90 : 90 = ______
121 : 11 = ______	3 · 80 = ______
64 : 8 = ______	490 : 70 = ______

18) Rechne aus! Beachte eine **wichtige Rechenregel**! (je 1,5 P) 9

24 : 2 + 12 = ____	51 + 63 : 7 = ____	69 – 5 · 6 = ____
16 – 4 · 2 = ____	3 · 20 – 20 = ____	19 + 44 : 4 = ____

19) Rechne halbschriftlich, in dem du sinnvoll zerlegst! 4

a) 408 : 8 = __________ b) 639 : 9 = __________

c) 270 : 3 = __________ d) 464 : 8 = __________

20) Benenne die lateinischen Begriffe folgender Grundrechenarten: 4

Plus ______________________________

Minus ______________________________

Mal ______________________________

Teilen ______________________________

21) Das 12fache von 7 ist um 15 weniger als die Hälfte meiner Zahl. 3
Frage: Welche Zahl habe ich mir ausgedacht? ______________

22) Subtrahiere schriftlich! 4

	7	5	1				4	6	0				3	3	4				3	5	5
-	5	8	2			-	2	9	1			-	2	8	6			-	1	6	8

23) Addiere im Kopf! 10

470	+	240	=	
160	+	680	=	
530	+	290	=	
280	+	440	=	
350	+	280	=	
670	+	160	=	
240	+	590	=	
790	+	170	=	
520	+	390	=	
840	+	120	=	

24) Subtrahiere im Kopf! 10

430	-	50	=	
280	-	60	=	
570	-	90	=	
340	-	60	=	
810	-	90	=	
46	-	28	=	
85	-	56	=	
84	-	72	=	
52	-	34	=	
64	-	18	=	

25) Rechne aus! 9

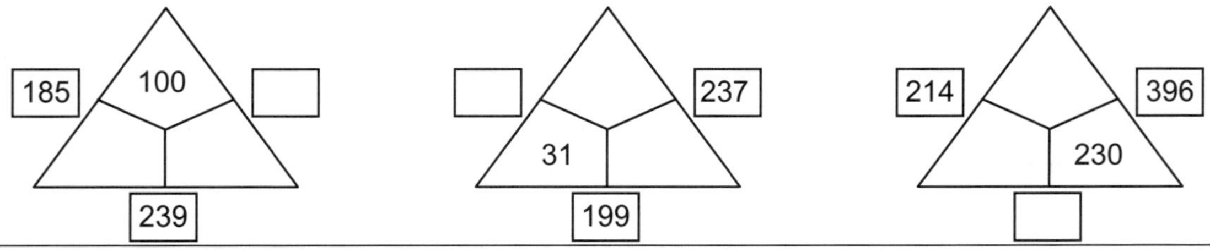

26) Lenas Schweine haben Junge bekommen. Lise 8 Babys, Lotte 6 Babys und Lara 10. Tante Laura soll in den Ferien aufpassen. Da sie nicht Auto fahren kann, muss Lena alles für die Woche besorgen in der sie weg ist. Sie fährt Samstag ganz früh weg und wird erst Sonntagnacht in einer Woche zurück sein. 6

Für die Schweinchen braucht Lena ein kleines Gartenhäuschen und viel Milch. Pro Tag trinken 12 Schweine 2 Liter Milch. 1 Liter Milch kostet 1,00 €. Es gibt nur Häuser für 6 Schweine, also muss sie mehrere kaufen. Ein Haus kostet 5 €.

Frage: ____

Rechnung:

A: ____

27) Rechne schriftlich, schreibe die Zahlen untereinander! 6

425 - 125 = ______ 565 - 25 = ______ 230 - 35 = ______

723 + 111 = ______ 238 + 128 = ______ 824 - 14 = ______

Viel Erfolg!

Von 101 Punkten hast du _____ Punkte erreicht.

8 Lösungsteil

8.1 Lösung zur Probe 1 - Wiederholung

1. Addiere die Zahlen! — 4

	6	7	+	1	9	=	8	6					4	9	+	4	9	=	9	8			
	7	9	+	1	1	=	9	0					6	5	+	2	5	=	9	0			

2. Subtrahiere die Zahlen! — 4

	6	7	–	1	9	=	4	8					4	9	–	2	9	=	2	0			
	5	7	–	3	3	=	2	4					6	0	–	2	5	=	3	5			

3. Rechne aus! — 6

4 + 12 = **16** 40 + 15 = **55** 77 + 14 = **91**

28 – 4 = **24** 75 – 55 = **20** 86 – 49 = **37**

4. Rechne im Kopf! — 9

2 • 9 = 18 3 • 8 = 24 4 • 7 = 28

2 • 5 = 10 3 • 7 = 21 4 • 5 = 20

2 • 6 = 12 3 • 3 = 9 4 • 8 = 32

5. Rechne im Kopf — 6

83 + 4 = 87 42 + **5 = 47** **61 + 6 = 67**

89 – 7 = 82 **48 – 41 = 7** **62 – 19 = 43**

6. Nehme das Dreifache von 7 - mal der Hälfte von 6! — 3

Frage: Welche Zahl erhältst Du? - Unterstreiche alles wichtige

Rechnung:
- 3 • 7 = 21 (das Dreifache von 7)
- 6 : 2 = 3 (Hälfte von 6)
- 3 • 21 = 63 (die oberen Ergebnisse miteinander mal nehmen)

Antwort : **Ich erhalte die Zahl 63**

7. Ziehe das Vierfache von 3 von 72 ab! — 3

Frage: Welche Zahl erhältst Du?

Rechnung:
- 4 · 3 = 12 Vierfache von 3
- 72 - 12 = 60 ... von 72 abziehen

Antwort : Ich **erhalte die Zahl 60.**

35 Punkte

8.2 Lösung zur Probe 2 - Wiederholung

1. Rechne aus! 6

5 + 16 = **21** 45 + 13 = **58** 71 − 9 = **62**
52 − 4 = **48** 17 + 17 = **34** 37 + 43 = **80**

2. Rechne aus! 3

12 · 4 = **48** 4 · 8 = **32** 5 · 9 = **45**

3. Schreibe zu jeder Aufgabe die Tauschaufgabe auf. 8

9 · 7 = **63** T: **7 · 9 = 63**
4 · 8 = **32** T: **8 · 4 = 32**
2 · 6 = **12** T: **6 · 2 = 12**
6 · 7 = **42** T: **7 · 6 = 42**

4. Addiere! Zum Kennenlernen führen wir hier bereits die schriftliche Addition ein. 4

	1	7					8	7					4	9					1	6			
+	6	5				+	2	3				+	5	9				+	7	2			
	1						1						1										
-	-	-	-			-	-	-	-			-	-	-	-			-	-	-	-		
	8	**2**				**1**	**1**	**0**				**1**	**0**	**8**					**8**	**8**			

5. Subtrahiere! Zum Kennenlernen führen wir hier bereits die schriftliche Subtraktion ein. 4

	2	1					6	1											6	1			
	~~3~~	4					~~7~~	7					8	9					~~7~~	0			
-	1	9				-	2	8				-	3	9				-	2	1			
-	-	-	-			-	-	-	-			-	-	-				-	-	-	-		
	1	**5**					**4**	**9**					**5**	**0**					**4**	**9**			

6. Frage: **Wie viel muss Leonie bezahlen? Oder Wie viel Geld hatte sie gespart?** 3

2 · 11 € = 22 € → 2 Kleider je 11 €

22 € + 19 € + 27€ - 4 € = **64 €**

Antwort: Leonie muss 64 € bezahlen. oder Sie hatte 64 € gespart.

7. Ziehe von 84 das Dreifache von 4 ab! 2

Rechnung: **4 · 3 = 12** (Dreifache von 4)
84 − 12 = 72 (Ziehe von 84 das Dreifache von 4 ab)

Antwort : **Ich erhalte die Zahl 72.**

8. Benenne die vier Grundrechenarten, die du kennst und schreibe ein beliebiges Beispiel dazu auf! 4

Plus (Addieren) 1 + 3 = 4
Minus (subtrahieren) 8 − 5 = 3
Mal (Multiplizieren) 2 · 3 = 6
Geteilt (dividieren) 6 : 3 = 2

9. 45 + 18 < 65; 39< 101-47; 94 > 58 + 26 ; 76 - 47 = 29 4

10. Berechne den Unterschied bzw. die die fehlende Zahl. 3

a) zwischen 34 und 51 b) zwischen 81 und 66 99 und **5**
Unterschied: **17** Unterschied: **15** Unterschied: 94

41 Punkte

8.3 Lösung zur Probe 3 - Wiederholung 2. Klasse

1. Rechne im Kopf! 6

4 • 6 = 24
6 • 6 = 36
3 • 9 = 27
9 • 7 = 63
5 • 4 = 20
11 • 3 = 33

2. Rechne aus! 6

4 + 12 = 16
56 – 4 = 52
55 + 23 = 78
17 - 17 = 0
69 – 5 = 64
37 + 44 = 81

3. Rechne aus! 4

16 : 2 = 8
21 + 44 = 65
4 • 10 = 40
8 • 0 = 0

4. Kannst du das noch? Rechne im Kopf! 6

79 + 4 = **83**
48 + 52 = **100**
66 + **11** = 77
33 - **16** = 17
72 - 3 = 69
50 + 36 = 86

5. Addiere die Zahlen! 4

		2	5				6	4					2	4						5	5		
	+	4	4			+	2	1				+	5	0					+	5	2		
																			1				
		6	**9**				**8**	**5**					**7**	**4**					**1**	**0**	**7**		

6. Löse die Divisionsaufgaben! 6

25 : 5 = 5
64 : 8 = 8
81 : 9 = 9
36 : 6 = 6
49 : 7 = 7
80 : 10 = 8

7. Schreibe zu jeder Aufgabe die Umkehraufgabe auf. 8

8 • 7 = 56 U: 56 : 8 = 7
3 • 4 = 12 U: 12 : 3 = 4
9 • 2 = 18 U: 18 : 9 = 2
5 • 6 = 30 U: 30 : 5 = 6

8. Setze die Zahlenfolgen fort, indem du die fehlenden Zahlen in die Tabelle einträgst! 14

5	10	**15**	**20**	**25**	**30**	**35**	**40**	**45**	50
30	28	**26**	**24**	**22**	**20**	**18**	**16**	**14**	12
8	16	**24**	**32**	**40**	**48**	**56**	**64**	**72**	80
6	10	**14**	**18**	**22**	**26**	**30**	**34**	**38**	42

50 P.

8.4 Lösung zur Probe 3.1

1. Rechne im Kopf aus! (5)

	9	5	+	7	=	1	0	2
1	9	2	+	9	=	2	0	1
4	9	9	+	6	=	5	0	5
	9	4	+	8	=	1	0	2
5	9	6	+	5	=	6	0	1

2. Rechne im Kopf aus! (5)

1	0	4	-	6	=		9	8
3	0	8	-	9	=	2	9	9
6	0	1	-	3	=	5	9	8
9	0	2	-	5	=	8	9	7
4	0	5	-	7	=	3	9	8

3. Teile im Kopf! (5)

	72	:	8	=	9			
	81	:	9	=	9			
	45	:	5	=	9			
	63	:	9	=	7			
	42	:	6	=	7			

4. Rechne im Kopf! (9)

2 · 9**0** = 18**0**
4 · 5**0** = 20**0**
6 · 6**0** = 36**0**

3 · 8**0** = 24**0**
5 · 7**0** = 35**0**
2 · 3**0** = 6**0**

7 · 7 = **49**
8 · 5 = **40**
4 · 8 = **32**

5. Nehme das **Fünffache von 12** und **ziehe** die **Hälfte von 40** davon **ab**! (3)

Frage: Welche Zahl erhältst Du?

Rechnung:

5 · **12 = 60** — **Fünffache von 12**
40 : 2 = 20 — **Hälfte von 20**
60 − 20 = 40 — **ziehe ab**

Antwort: Ich erhalte die Zahl **40**!

6. *Ziehe* das **Sechsfache von 8** von *72 ab!* Zähle das **Dreifache von 2** dazu. (4)

Rechnung:

6 · 8 = 48 — Sechsfache von 8
72 − 48 = 24 — ziehe … ab
3 · 2 = 6 — Dreifache von 2
24 + 6 **= 30** — zähle … dazu

Antwort: Ich erhalte die Zahl 30!

7. Frage: Wie viel hat Oma im Restaurant ausgegeben? (3)

Rechnung: 16 € + 32 € = 48 €
70 € - 48 € = 22 €

Antwort: Sie hat 22 € im Restaurant ausgegeben.

34 P

8.5 Lösung zur Probe 3.2

1. Zerlege in Hunderter, Zehner und Einer und schreibe dann die Plusaufgabe! 854 = 800 + 50 + 4 = (8H+5Z+4E) 918 = 900 + 10 + 8 = (9H+1Z+8E) 631= 600 + 30 + 1 = (6H+3Z+1E) 220 = 200 + 20 + 0 = (2H+2Z+0E)	4
2. Rechne im Kopf aus! 41 + 12 = **53** 30 + 115 = **145** 717 + 14 = **731** 280 – 41 = **239** 715 - 55 = **660** 860 - 490 = **370**	6
3. Wie heißt die Zahl? 5H 3Z 7E = **537** 3E 5Z 7H = **753** 3H 4E 7Z = **374** 4Z 7H 7E = **747** 7E 5Z 5H = **557** 4Z 3E 9H = **943**	6
4. 74 – 57 = **17** 100 – 22 = **78** 23 + 28 = **51** 29 + 16 = **45** 91 – 46 = **45** 69 – 52 = **17**	6
5. Nehme die **Hälfte von 48** und <u>zähle</u> das *Vierfache von 6* <u>dazu</u>! Rechnung: 48 **:** 2 = **24** Hälfte von 48 4 · 6 = **24** Vierfache von 6 24 + 24 = **48** zähle dazu Antwort: **Ich erhalte die Zahl 48**	3
6. <u>Ziehe</u> von *84* das **Dreifache von 4** <u>ab</u> und **teile dann durch 8**! Rechnung: 3 · 4 = **12** Dreifache von 4 84 – 12 = **72** ziehe von 84 … ab 72 **:** 8 = **9** teile durch 8 Antwort: Ich erhalte die Zahl **9**!	3
7. Frage: Wie viel bekommt er zurück? Rechnung: 3 · 3€ = 9 € 9 € + 13,00 € + 14,50 € = 36,50 € 50,00 € - 36,50 € = 13,50 € Antwort: Er bekommt 13,50 zurück.	3

31

8.6 Lösung zur Probe 3.3

1. Wie lautet der zweite Summand? — 6

240 + **160** = 400
710 + **90** = 800
560 + **340** = 900
150 + **60** = 210
230 + **70** = 300
920 + **80** = 1000

2. Rechne im Kopf! — 12

4 · 6 = **24**
9 · 7 = **63**
36 : 12 = **3**
24 : 6 = **4**
3 · 9 = **27**
40 : 8 = **5**
56 : 8 = **7**
6 · 6 = **36**
5 · 4 = **20**
81 : 9 = **9**
48 : 6 = **8**
11 · 3 = **33**

3. Rechne aus! — 6

41 – 11 = 30
280 + 41 = **321**
155 + 23 = **178**
117 – 117 = **0**
317 – 14 = **303**
860 – 640 = **220**

4. Rechne aus! — 4

16 : 2 = **8**
21 + 44 = **65**
4 · 10 = **40**
8 · 0 = **0**

5. Ein Päckchen Kaugummi kostet **50 Cent**. **Paula** kauft **3 Päckchen**, ihr Bruder <u>Nico</u> kauft <u>5 Päckchen</u>. — 4

Frage: **Wie viel muss Paula bezahlen und wie viel Nico?**
Rechnung: **Paula**: 3 · **50 Cent = 150 Cent =** 1 € 50 Cent = 1,50 €
Nico: 5 · 50 Cent = **250 Cent** = 2 € 50 Cent = 2,50 €
Antwort: Paula muss 1 € und 50 Cent bezahlen. Nico muss 2 Euro und 50 Cent bezahlen.

6. An Max Schule gibt es **acht Klassen**, in *3 Klassen sind 18 Schüler*, in <u>4 Klassen 19 Schüler</u> und **1 Klasse hat 21 Schüler**! — 4

Frage: Wie viele Schüler gibt es insgesamt an dieser Schule?
Rechnung: 3 · 18 = **54** 3 Klassen mit 18 Schülern
4 · 19 = **76** 4 Klassen mit 19 Schülern
1 · 21 = **21** 1 Klassen mit 21 Schülern

		5	4
		7	6
	+	2	1
	1	1	
	1	**5**	**1**

Antwort: Auf der Schule sind insgesamt 151 Schüler.

7. **9 · 1€ = 9 €; 10 · 10 € = 100€, 1 · 20 € + 1 · 5 € = 25 € ;** — 6

100 € + 25 € + 9 € = 134 €
A: Tante Frieda hat 134 € abgehoben.
200 € – 134 € = 66 €
66 € fehlen ihr bis sie 200 € hat.

8.7 Lösung zur Probe 3.4

1. Runde die Zahlen auf die **Zehner**stelle: 3

156	**160**	122	**120**	34	**30**
344	**340**	456	**460**	219	**220**

2. Runde die Zahlen auf die **Hunderter**stelle: 3

156	**200**	122	**100**	134	**100**
344	**300**	456	**500**	219	**200**

3. **Ordne** die Zahlen **der Größe nach**! Beginne mit der größten Zahl! 7

673 373 973 173 873 473 573

973 - 873 - 673 - 573 - 473 - 373 - 173

902 951 931 971 991 941 911

991 - 971 - 951 - 941 - 931 - 911 - 902

4. Rechne aus! 6

42 : 6 = **7**	45 : 9 = **5**	64 : 8 = **8**
24 : 4 = **6**	12 : 4 = **3**	210: 3 = **70**

5. Rechne aus! 6

455 + 35 = **490**	568 + 22 = **590**	640 + 45 = **685**
924 + 33 = **957**	567 + 23 = **590**	824 **-** 44 = **780**

6. Ergänze richtig zum Ergebnis! 8

320 + **80** = 400	310 **-** **10** = 300
180 + **20** = 200	240 **-** **130** = 110
540 + **60** = 600	120 **-** **20** = 100
370 + **130** = 500	430 **-** **30** = 400

7. Trage richtig ein: < , > , = 4

321	>	312	230	<	310
324	<	231	212	>	112
345	>	431	433	=	433
320	>	230	430	=	430

8. Bilde aus den Zahlen: 4 - 8 -3 alle möglichen dreistelligen Zahlen und **ordne sie der Größe nach!** 3

348 384 438 483 834 843

9. Meine Zahl liegt **zwischen 80 und 99**, und ist das **Produkt von zwei gleichen Zahlen** 2

Frage: Wie **heißt meine Zahl** und wie **lautet die Zahl, die mit sich selbst multipliziert meine Zahl ergibt**?

Rechnung: 9 · 9 = **81**

Antwort: Meine Zahl ist das ‚Quadrat' von 9, also 9 · 9 = 81.

8.8 Lösung zur Probe 3.5

1. Ordne die Zahlen der Größe nach. Beginne mit der **kleinsten** Zahl! — 10

737, 773, 733, 373, 337	**337 - 373 - 733 - 737 - 773**
244, 442, 424, 445, 543	**244 - 424 - 442 - 445 - 543**
265, 234, 333, 423, 267	**234 - 265 - 267 - 333 - 423**
326, 363, 636, 673, 633	**326 - 363 - 633 - 636 - 673**

2. Vervollständige die Zahlenreihe! — 4

239, 249	**259 - 269 - 279 - 289**	299
585, 590	**595 - 600 - 605 - 610**	615

3. Ich habe eine Box mit Zahlen von 21 bis 30. — 3
   a) Wie viele Zahlen sind in meiner Box? (1) **10** (21, 22, 23, 24, 25, 26, 27, 28, 29, 30)
   b) Schreibe 4 Zahlen auf, die sich in der Box befinden! (2)
   (siehe a - alle Zahlen)

4. Rechne! *Wenn auf beiden Seiten vom Geteiltzeichen eine Null steht, kannst du auf beiden Seiten die Null streichen und dann rechnen!* — 6

42~~0~~ : 6~~0~~ = **7**	450 : 5 = **90**	64~~0~~ : 8~~0~~ = **8**
240 : 4 = **60**	36~~0~~ : 4~~0~~ = **9**	21~~0~~ : 3~~0~~ = **7**

5. Rechne schriftlich - schreibe die Zahlen untereinander! — 6

	4	5	5		2	6	8		6	4	0		7	2	4		1	6	7		8	2	4
+	1	3	5	+	2	2	1	+	2	4	5	+	1	3	3	+	2	1	3	–	1	2	4
		1																1					
	5	**9**	**0**		**4**	**8**	**9**		**8**	**8**	**5**		**8**	**5**	**7**		**3**	**8**	**0**		**7**	**0**	**0**

6. Ergänze richtig zum Ergebnis! — 8

320 + **90** = 410	310 – **13** = 297
180 + **43** = 223	240 – **19** = 221
540 + **48** = 588	120 – **9** = 111
370 + **28** = 398	430 – **17** = 413

7. Trage richtig ein: < , > , = — 4

331 = 331	210 < 230
327 > 321	222 > 112
645 > 499	423 < 433
340 < 430	677 > 676

8. Löse folgende Textaufgaben! (Je 1,5 P) — 6

Addiere die Zahlen 27 und 58!	27 + 58 = 85
Multipliziere die Zahlen 9 und 8!	9 · 8 = 72
Dividiere die Zahl 81 durch die Zahl 9!	81 : 9 = 9
Subtrahiere von 98 die Zahl 24!	98 – 24 = 74

9. Rechne im Kopf — 4

2 · 5 = **10**	3 · 8 = **24**	6 · 8 = **48**
5 · 6 = **30**	2 · 9 = **18**	7 · 3 = **21**
3 · 7 = **21**	4 · 7 = **28**	4 · 4 = **16**
7 · 8 = **56**	6 · 6 = **36**	7 · 6 = **42**

10. Paula geht mit ihrer Mama einkaufen. Sie darf sich eine Jeans, ein T-Shirt, einen Pulli und eine Jacke kaufen. Frage: Wie viel Euro gibt Paula aus? Antwort: **Paula gibt 159,-- Euro aus!**	4

	3	9		Jeans
+	2	5		Pulli
+	7	5		Jacke
+	2	0		T-Shirt
1	1			
1	**5**	**9**		Gesamt

8.9 Lösung zur Probe 3.6

1. Rechne aus! 425 - 125 = **300** 565 - 25 = **540** 230 + 35 = **265** 723 + 111 = **834** 238 + 128 = **366** 124 - 14 = **110**	6
2. Ich habe eine Box mit Zahlen von 101 bis 200. a) Wie viele Zahlen sind in meiner Box? (1) **100** b) Schreibe 4 Zahlen auf, die sich in der Box befinden und durch 10 teilbar sind! (2) 110, 120 , 130 140 ... 200	3
3. Vervollständige die Zahlenreihe! 239, 244 **249 254 259 264** 269 585, 591 **597 603 609 615** 621	4
4. Rechne im Kopf 8 • 3 = **24** 4 • 3 = **12** 6 • 7 = **42** 7 • 4 = **28** 8 • 2 = **16** 5 • 3 = **15** 6 • 6 = **36** 6 • 5 = **30** 3 • 9 = **27** 5 • 5 = **25** 9 • 1 = **9** 4 • 9 = **36**	12
5. Schreibe die Hunderternachbarn auf! **200** -- 300 -- **400** **700** -- 800 -- **900** **500** -- 600 -- **700** **400** -- 500 -- **600** **600** -- 700 -- **800** **800** -- 900 -- **1000**	3
6. 40 : 10 = 4; 4 · 3km = 12 km; 25 min: 10 min = 2,5; 2,5 · 2 = 5 km; 12 km + 5 km = 17 km. Sie sind **17 km** geradelt. 40 min + 25 min = 65 min oder 1 h 5 min. 8.15 + 5 min = 8.20 Uhr; 8:20 + 1h = 9:20 Uhr. Sie erreichen das Cafe um **9.20 Uhr**.	4
7. Bilde aus den Zahlen: 2 - 7 -1 alle möglichen dreistelligen Zahlen und ordne sie der Größe nach! **127 - 172 - 217 - 271 - 712 - 721**	3
8. Julius geht 1000 m zur Schule. In 10 Minuten schafft er die halbe Strecke. a) 20 Minuten; b) 250 Meter; c) 5 • 250m = 1250 m	3
9. Ich denke mir eine Zahl. Sie hat 8 Hunderter aber nur halb so viele Einer **(8:2= 4).** Wenn ich die Hunderter durch vier dividiere **(= 8 : 4 = 2)** und mit 3 multipliziere **(2· 3 = 6)**, weiß ich die Zehner . Meine Zahl heißt **864**.	3

8.10 Lösung zur Probe 4-1 – Einheiten und mehr

1. Paul und Julius wollen ins Kino. Das **Kino kostet 5,50 €**. Zusätzlich kauft sich jeder noch ein **Kids-Menü zu 3,20 €**. — 2

Wie viel muss jeder bezahlen und wie viel zahlen die Jungs insgesamt?

	5	5	0		K	i	n	o							8	7	0		P	a	u	l							
	3	2	0		M	e	n	ü							8	7	0		J	u	l	i	u	s					
															1														
	8	**7**	**0**		**8**	**,**	**7**	**0**	**€**					**1**	**7**	**4**	**0**		**1**	**7**	**,**	**4**	**0**	**€**					

Antwort: Jedes Kind muss 8,70 € bezahlen, gemeinsam zahlen sie 17,40 €.

2. Wandle um in die in Klammern angegebene Einheit! — 4

a) 6 € (ct) = **600 ct** b) 800 ct (€) = **8 €**
c) 32 € + 100 ct (€) = **33 €** d) 400 ct (€) = **4 €**

3. Wandle um in die in Klammern angegebene Einheit! — 8

a) 8,06 m (cm) = **806 cm**
b) 8 cm 37 mm (mm) = **80mm + 37mm = 117 mm**
c) 90 cm + 1000 mm (m) = **1,90 m**
d) 200 mm (cm) = **20 cm**
e) 2,33 km (m) = **2330 m**
f) 8 m 30 cm (cm) = **800 cm + 30 cm = 830 cm**
g) 2000 cm (m) = **20 m**
h) 180 mm (cm) = **18 cm**

4. Wandle um in die in Klammern angegebene Einheit! — 8

a) 2, 6 l (cl) = **260 cl**
b) 8 dl (l) = **0,8 l**
c) 90 cl + 100 ml (dl) = **9dl + 1dl = 10 dl**
d) 400 ml (cl) = **40cl**
e) 3,43 hl (l) = **343 l**
f) 5 l 30 cl (cl) = **530 cl**
g) 770 dl (l) = **77 l**
h) 3,5 hl (l) = **350 l**

5. Wandle um in die in Klammern angegebene Einheit! — 8

a) 3,45 kg (g) = **3450 g**
b) 6 kg 37 g (g) = **6037 g**
c) 90 kg + 1000 g (kg) = **91 kg**
d) 1000 g (kg) = **1 kg**
e) 6,33 kg (g) = **6330 g**
f) 7 kg 30 g (g) = **7030 g**
g) 4000 g (kg) = **4 kg**
h) 3,7 kg (g) = **3700 g**

30P

8.11 Lösung zur Probe 4-2 - Einheiten

1. **Rechne in die angegebene Einheit um!** — 8

s	min	min	h
540 s	**9 min**	180 min	**3 h**
660 s	**11 min**	330 min	**5 $\frac{1}{2}$ h**
480 s	8 min	**150 min**	2 $\frac{1}{2}$ h
332 s	5 min 32 s	**585 min**	9 h 45 min

2. **Ergänze!** — 6
   a) 1 h = **60** min (= **3600** s)
   b) Eine Dreiviertelstunde hat **45** min (das sind **2700** s)
   c) 1 Jahr hat **52** Wochen, das sind **365** Tage
   d) 1 Monat hat etwa **30** Tage, das sind ungefähr **4** Wochen.

3. **Sortiere der Größe nach! Beginne mit dem Kleinsten!** — 3
450 ml -- 1/2l -- 1000ml -- 1,5 l -- 1 $\frac{1}{2}$ hl -- 750 l

4. **Rechne in die angegebene Einheit um!** — 8

ml	l	l	hl
30 ml	**0,03 l**	**100 l**	1 hl
750 ml	$\frac{3}{4}$ l	900 l	**9 hl**
1000 ml	1 l	50 l	**0,5 hl**
500 ml	**0,5 l**	**350 l**	3,5 hl

5. **Setze den richtigen Operator ein: >, <, = !** — 3
a) 2500 m ____=____ 2,5 km b) 350 m__<____ $\frac{3}{4}$ km c) 0,33 m ____>____ $\frac{1}{4}$ km
d) 0,8km ____=____ 800 m e) 50 km__>__ 5000 m f) 0,45 km ____>__ $\frac{1}{4}$km

6. Sortiere der Größe nach! Beginne mit dem Kleinsten! — 3
10 kg 470 g $\frac{1}{2}$ kg 1 $\frac{1}{2}$ kg 1,25 kg 750 g
470 g - $\frac{1}{2}$ kg - 750 g - 1,25 kg - 1,5 kg - 10 kg

7. Johannes wünscht sich ein Ski-Set. Das Set ist reduziert von 429 € auf 298 €. — 3
   F: Wie viel spart Johannes – um wie viel ist der Ski reduziert?
   R: 429 € - 298 € = 131 €
   A: Johannes hat 131 € gespart.

8. a) Frage: Wie viele Schüler gehen in die dritte Klasse? — 5
   310 + 125 = 435 (1. + 2. + 4. Klassen)
   520 - 435 = 85 (Gesamtanzahl Schüler – (1. + 2. + 4. Klassen))= Anzahl 3.Klässler
   b) Hier gibt es mehrere Möglichkeiten zu rechnen:
   → 85 - 22 = 63; 63 - 22 = 41; 41 - 22 = 19 also gibt es 4 dritte Klassen
   → 85 : 22 = 3 R 19
   → 22+22+22 = 66 ; 66 + 19 = 85

37P

8.12 Lösung zur Probe 4-3 - Geometrie

1. Was verbirgt sich hinter den Aussagen? Schreibe die richtige Bezeichnung auf! 4

Aussage	Körper
Er ist von allen Seiten völlig gleich.	**Würfel**, Kugel
Er hat zwei Kreise als Flächen.	**Zylinder**
Der Körper hat weder Kanten noch Ecken.	**Kugel**
Er hat zwölf Kanten und immer vier davon sind gleich groß.	**Quader**

2. Wie lautet der Überbegriff für diese Bilder? **Formen / Flächen** 5
Beschrifte die Bilder entsprechend den zugeordneten Zahlen.

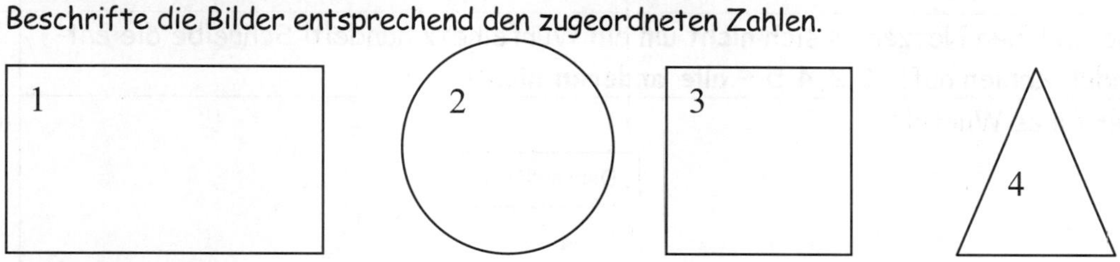

1 **Rechteck/Viereck** 2 **Kreis** 3 **Quadrat** 4 **Dreieck**

3. Gib an, bei welchen Netzen es sich um ein Würfelnetz handelt! Schreibe die entsprechenden Zahlen auf! **3 und 5** 5

4. Gib die Ecken und Kanten folgender Körper an! 4

	Würfel	Quader	Zylinder	Kugel
Ecken	8	8	0	0
Kanten	12	12	2	0

5. Was trifft auf einen Quader zu? Kreuze richtig an! 2

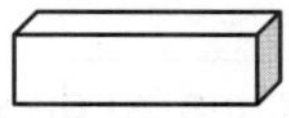

☑ Ein Quader hat 6 Seiten.
☑ Alle Seiten gegenüberliegenden Seiten sind gleich groß.

6. Für eine Pyramide brauche ich 1 Quadrat als Grundfläche und 4 Dreiecke. 2

7. a) ein Quader: Streichholzschachtel, b) ein Würfel, Würfelzucker; c) Kugel: Fussball, Murmel (nur Beispiele, hier gibt es sehr viele Möglichkeiten). 2

8. Zeichne zu diesem Körper den Bauplan 3

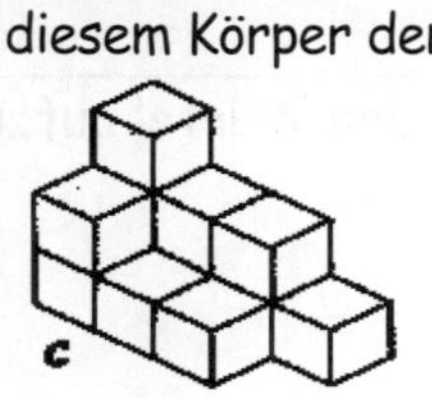

3	2	2	1
2	1	1	

28P

8.13 Lösung zur Probe 4-4 - Geometrie

1. Wie lautet der Überbegriff für diese Bilder? **Körper** — 5
   Beschrifte die Bilder entsprechend den zugeordneten Zahlen!
   1 **Kugel** 2 **Würfel** 3 **Zylinder** 4 **Quader**

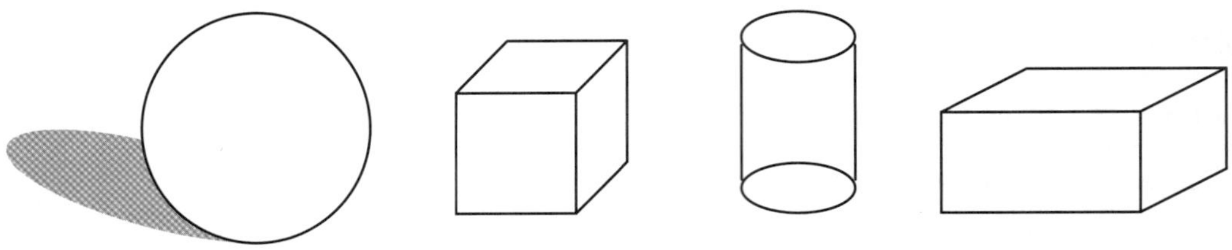

2. Gib an, bei welchen Netzen es sich **nicht** um ein Würfelnetz handelt! Schreibe die entsprechenden Zahlen auf! **1,2,4,5 - alle anderen nicht!** — 5

3. Die Seiten eines Würfels — 6

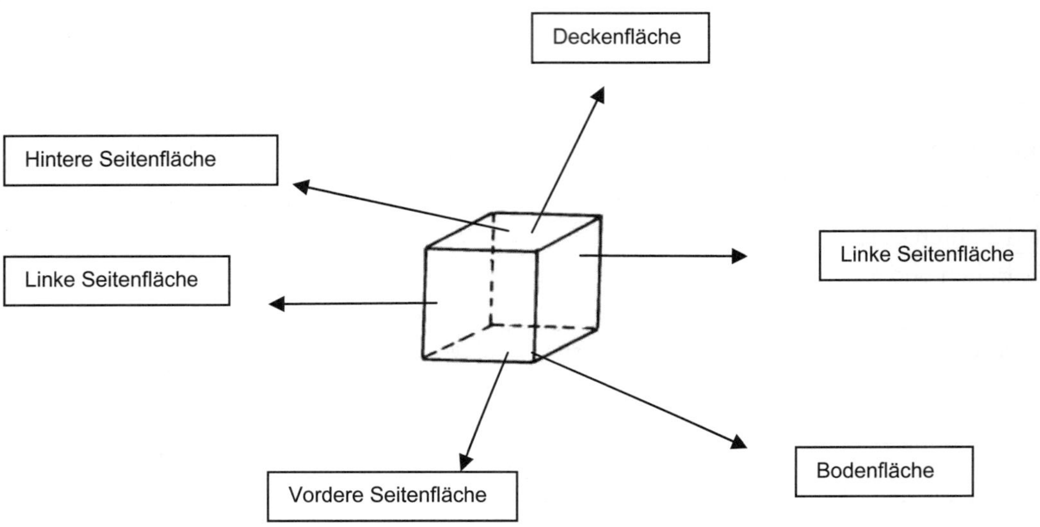

4. Zeichne zu diesem Körper den Bauplan — 3

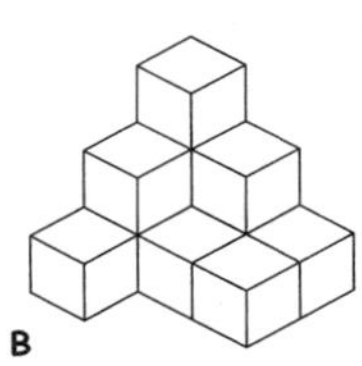

3	2	1
2	1	1
1		

5. Wie viele Würfel brauchst du, um diesen Bauplan auf einen großen Würfel aufzufüllen? — 3
   Insgesamt braucht man noch 16 Würfel.

0	1	2
1	2	2
2	3	3

22P

8.14 Lösung zur Probe 5.1 - Zahlenraum bis 1000

1. Führe folgende Rechenoperationen durch (8)

9 · 6 = **54** 7 · 8 = **56**
5 · 6 = **30** 9 · 5 = **45**
64 : 8 = **8** 42 : 6 = **7**
36 : 4 = **9** 32 : 4 = **8**

2. Führe folgende Rechenoperationen durch (8)

12 · 3 = **36** 15 · 2 = **30**
11 · 3 = **33** 14 · 2 = **28**
28 : 7 = **4** 72 : 8 = **9**
63 : 7 = **9** 24 : 3 = **8**

3. Führe folgende Rechenoperationen durch (15)

500 + 300 = 800 300 + 400 = 700 690 + 200 = 890
900 – 200 = 700 700 – 200 = 500 700 – 500 = 200
350 + 230 = 580 620 + 180 = 800 260 + 440 = 700
450 - 240 = 210 730 - 530 = 200 760 - 620 = 140
255 + 250 = 505 419 + 180 = 599 195 + 160 = 355

4. Fülle die Tabelle und gib ein einfaches Beispiel an! (8)

Rechenoperation	Fachbegriffe	Rechenzeichen	Beispiel
Plus	Addition	+	5 + 5 = 10
Minus	Multiplikation	-	5 · 5 = 25
Mal	Subtraktion	•	5 – 4 = 1
Teilen	Division	:	6 : 3 = 2

5. Schreibe die Textaufgaben als Rechenaufgabe auf! (4)

Summe aus 300 und 660: 300 + 660 = 960
Differenz aus 700 und 300: 700 – 300 = 400
Produkt aus 7 und 8: 7 · 8 = 56
Quotienten aus 64 und 8: 64 : 8 = 8

6. Rechne vorteilhaft! (6)

25 + 35 + 77 + 15 + 13 + 85 =
(25+35) + (77+13) + (15+85) = 60 + 90 + 100 = 250

250 + 125 + 87 + 75 + 13 + 250 =
(250+250) + (125+75) + (87+13) = 500 + 200 + 100 = 800

7. Meine Zahl liegt zwischen 10 und 20, ist eine gerade Zahl und ein Vielfaches von 9. (2)

Frage: Wie heißt meine Zahl?
Rechnung: 2 • 9=18
Antwort: Meine Zahl heißt 18, sie liegt zw. 10 und 20, ist eine gerade Zahl und ein Vielfaches von 9!

8. Wave-Board Stunden (2)

26 : 8 = 3 R 2 Da die Rechnung nicht aufgeht, muss die Lehrerin eine Übungsstunde mehr halten. Die Lehrerin muss also 4 Übungsstunden anbieten, damit alle 26 Kinder teilnehmen können.

8.15 Lösung zur Probe 5.2

1. Runde die Zahlen auf die nächste **Zehner**stelle: (3)

176	**180**	372	**370**	784	**780**
142	**140**	876	**880**	399	**400**

2. Runde die Zahlen auf die nächste **Hunderter**stelle: (3)

178	**200**	372	**400**	784	**800**
142	**100**	876	**900**	999	**1000**

3. Ordne die Zahlen der Größe nach! Beginne mit der **kleinsten** Zahl! (7)

891 572 872 542 841 387 937 **387 – 542 – 572 – 841 - 872 – 891 - 937**
638 456 876 123 432 987 654 **123 – 432 – 456 – 638 – 654 – 876 - 987**

4. Rechne aus! (6)

42 : 7 = **6**	81 : 9 = **9**	56 : 8 = **7**
24 : 12 = **2**	12 : 3 = **4**	210: 7 = **30**

5. Rechne aus! (6)

455 + 25 = **480**	568 - 28 = **540**	640 - 55 = **585**
924 + 13 = **937**	567 + 33 = **600**	824 + 4 = **828**

6. Rechne schriftlich aus! (3)

		8	15	15						7	13							4	12	15
		~~9~~	~~6~~	5						~~8~~	3	8						~~5~~	~~3~~	~~5~~
	-		6	8					-		6	4					-		8	7
		8	**9**	**7**						**7**	**7**	**4**						**4**	**4**	**8**

7. In München steigen 180 Fahrgäste in den ICE nach Berlin. In Nürnberg steigen 120 Person aus und 80 Personen zu. Frage: **Wie viele Personen kommen in Berlin an?** (3)

180 - 120 + 80 = 140

Antwort: **Es kommen 140 Personen in Berlin an.**

8. Rechne! (6)

455 - 25 = 430	568 + 32 = 600	640 + 55 = 695
724 + 113 = 837	267 + 111 = 378	124 - 14 = 110

9. Es gibt **zwei** Zahlen, für die Folgendes gilt: Die Zahl hat **doppelt so viele Einer wie Zehner** und **doppelt so viele Zehner wie Hunderter**. (2)

(Nimm die kleinste Zahl (1) als Hunderter, verdopple sie (2) und schreibe es an die Zehnerstelle, verdopple nochmals (4) und du hast den Einer. Für die zweite Zahl beginnst du mit der zahl zwei und verfährst wie bei der ersten Zahl)

Um welche Zahlen handelt es sich? **124** **248**

10. Tine, Lena und Jojo haben **zusammen 250,-- Euro**. *Tine hat 132 Euro*, Lena besitzt 8 Euro mehr als Jojo. Frage: **Wie viel Euro hat Lena und wie viel Euro hat Jojo?** (4)

Rechnung: 250 - 132 = **118 €**	-> Lena und Jojo haben zusammen 118 €
(118 - 8) : 2 = 110 : 2 = **55 €**	Lena hat 8 € mehr als Jojo also ziehst du erst die 8 € ab und teilst dann durch 2
55 + 8 = 63 €	Lenas Anteil
132 + 63 + 55 = 250 €	Probe: alle Anteile zusammen ergeben 250,-- €

Antwort: **Lena hat 63 €** und **Jojo hat 55 €.**

	4	5	5			2	6	8			7	2	4				6	4	0
	1	3	5			2	5	1			1	3	3				1	6	7
	2	4	5			3	2	4			1	2	4				2	1	3
	1	1				1	1					1					1	1	
	8	**3**	**5**			**8**	**4**	**3**			**9**	**8**	**1**			**1**	**0**	**2**	**0**

11. Rechne schriftlich – schreibe die Zahlen untereinander! (je 1,5 P) — 6

12. Meine Zahl liegt **zwischen 30 und 50**, ist eine **gerade Zahl** und ein **Vielfaches von 5**. — 4

Frage: Wie heißt meine Zahl?

A.: Alle Zahlen, die ein Vielfaches von 5 sind, enden auf 0 oder 5, das heißt, da meine Zahl gerade ist, muss sie auf 0 enden. Die einzige Zahl zwischen 30 und 50, die auf 0 endet ist die Zahl **40**!

8.16 Lösung zur Probe 5.3 – Zahlenraum bis 1.000

1. Subtrahiere! — 3

									7	14	13
	7	6	7		5	8	8		~~8~~	~~5~~	3
-		4	3	-		2	2	-		8	5
	7	2	4		5	6	6		7	6	8

2. Rechne aus! — 8

486 – 7 = **479**	805 – 30 = **775**
697 + 8 = **705**	130 + 700 = **830**
307 - 9 = **298**	350 – 330 = **20**
395 + 8 = **403**	497 + 500 = **997**

3. Zahlenrätsel. Schreibe alle Rechenschritte auf! — 4

Addiere 36 und 24. Teile dann das ***Ergebnis durch 12***. Multipliziere nun deine Zahl mit dem **doppelten von 3**! Welche Zahl wird gesucht?

36 + 24 = **60** 60 : 12 = **5**

5 • (2 • 3) = 5 • 6 = **30** **Die gesuchte Zahl heißt 30!**

4. Familie Maier kauft ein Sofa für **450 €**. Für einen passenden Couchtisch gibt sie zusätzlich **150 €** aus. Frage: Wie viel Geld muss Familie Maier insgesamt ausgeben? — 2

	4	5	0
+	1	5	8
	6	0	8

Antwort: **Familie Maier gibt insgesamt 608 € aus.**

5. Am Donnerstag besuchten 470 Personen die Premiere im Nationaltheater. Am nächsten Tag waren es sogar 260 Personen mehr. — 2

Frage: **Wie viele Personen waren am Freitag im Theater?**

Rechnung: **470 + 260 = 730**

Antwort: **Am Freitag waren 730 Personen im Theater.**

6. Rechne in sinnvollen Schritten!	9
a) 360 : 6 = 50 + 10 = **60** 300 : 6 = 50 60 : 6 = 10 b) 530 : 5 = 100 + 6 = **106** 500 : 5 = 100 30 : 5 = 6	3
c) 190 · 2 = 200 + 180 = **380** 100 · 2 = 200 90 · 2 = 180 d) 210 · 3 = 600 + 30 = **630** 200 · 3 = 600 10 · 3 = 30	3
e) 12 · 4 = 40 + 8 = **48** 10 · 4 = 40 2 · 4 = 8 f) 13 · 7 = 70 + 21 = **91** 10 · 7 = 70 3 · 7 = 21	3
7. Zähle **185 und 355 zusammen** und **teile das Ergebnis durch 90**. Welche Zahl erhältst Du? Rechnung: 185 + 355 11 **540** 540 : 90 = **6** **Die Zahl heißt 6!**	2
8. Rechne im Kopf 210 : 70 = 3 6 · 40 = 240 70 · 0 = 0 64 : 8 = 8 98 : 2 = 49 50 · 6 = 300 30 · 7 = 210 9 · 90 = 810	8
9. Pauls Klasse geht ins Kino 23 Kinder + 4 Eltern ... Frage: **Wie viel muss die Lehrerin zahlen?** Kinder: 23 · **5€ =115 €; NR: 20 · 5 € = 100€; 3 · 5€ = 15€;** **15€ + 100€ = 115€** **4 Eltern + 1 Lehrerin = 5 Erwachsene: 5 · 8 € = 40 €** **Gummibärchen:** 5 · **3€ = 15 €** **Eis:** 10 · **2€ = 20 €** **115€ + 40€ + 15€ + 20€ = 190 €** **A: Die Lehrerin zahlt an der Kasse 190 €.**	6

8.17 Lösung zur Probe 5.4

1. Rechne halbschriftlich! 7 · 86 = 560 + 42 = **602** 7 · 49 = 280 + 63 = **343** 7 · 80 = 560 7 · 40 = 280 7 · 6 = 42 7 · 9 = 63 126 : 6 = 20 + 1 = **21** 405 : 9 = 40 + 5 = **45** 120 : 6 = 20 360 : 9 = 40 6 : 6 = 1 45 : 9 = 5	8
2. Rechne im Kopf! 326 − 7 = 319 207 − 9 = 198 697 + 8 = 705 235 + 8 = 243 30 · 5 = 150 981 : 9 = 109	6
3. Ich habe eine Box mit Zahlen von 101 bis 1000. c) Wie viele Zahlen sind in meiner Box? (1) **900** d) Schreibe 4 Zahlen auf, die sich in der Box befinden und durch 3 teilbar sind! (2) Durch 3 sind alle Zahlen teilbar, deren Quersumme durch 3 teilbar ist. 120, 123, 231, 300, 600, 900 ...	3
4. Subtrahiere schriftlich! 851 − 682 = **169**; 360 − 191 = **169**; 134 − 86 = **48**; 555 − 68 = **487**	4
5. **Multipliziere** die Zahlen **12 und 3**. *Addiere zum Ergebnis* das <u>Vierfache von 11</u>. **12 · 3 = 36;** **4 · 11 = 44;** ***36 + 44 = 80;***	3
6. Ergänze auf 1 000! a) 1000 − 521 = **479** b) 1000 − 842 = **158** c) 1000 − 819 = **181** d) 1000 − 319 = **681**	4
7. Bilde die Quersummen! 210 = 2+1+0=3; 987 = 24; 345 = 12; 1000 = 1	4
8. **Addiere** die *Summe aus 222 und 78* mit der <u>Differenz aus 481 und 380</u>. Welche Zahl erhältst du? Das Ergebnis lautet: **401** Rechnung: *222 + 78 = 300;* <u>481 − 380 = 101;</u> **300 + 101 = 401**	3
9. **Rechne im Kopf!** 210 : 30 = 7 1000 : 4 = 250 60 · 6 = 360 540 : 60 = 9 70 · 4 = 280 50 · 7 = 350 640 : 8 = 80 70 · 9 = 630	8
10. Eine Klasse mit 31 Kindern geht auf den Jahrmarkt. Alle Kinder wollen Autoskooter fahren. 6 Kinder können gleichzeitig fahren. Frage: Wie viele Runden muss der Lehrer abwarten, bis alle Kinder einmal gefahren sind? Schreibe alle Rechenschritte auf! Antwort: 31 : 6 = 5 Rest 1 Der Lehrer muss 6 Runden warten, damit alle Kinder fahren können!	3
11. Zahlenrätsel. Schreibe alle Rechenschritte auf! Wenn ich vom Neunfachen einer Zahl 51 abziehe, erhalte ich die Zahl 21. Welche Zahl wird gesucht? Die Zahl heißt 8! 51 + 21 = 72; 72 : 9 = 8; Probe: 9 · 8 = 72; 72 − 51 = 21;	3

8.18 Lösung zur Probe 5.5

1. Addiere die Zahlen! — 4

	6	4	8		5	7	9		4	3	3		6	5	1
+	1	2	1	+	2	3	1	+	4	5	8	+	2	5	9
					1	1				1			1	1	
	7	**6**	**9**		**8**	**1**	**0**		**8**	**9**	**1**		**9**	**1**	**0**

2. Subtrahiere! — 3

		5	17		2	15			0	14	13
	5	~~6~~	~~7~~		~~3~~	~~5~~	9		~~1~~	~~5~~	~~3~~
-		5	8	-	1	6	0	-		8	5
	5	**0**	**9**		**1**	**9**	**9**			**6**	**8**

3. Rechne aus! Hier gilt die Punkt-vor-Strich-Regel, also denke dir die Klammern! — 6

(12 : 3) + 12 = **16** 40 + (15 : 5) = **43** 77 – (4 · 8) = **45**
28 – (4 · 2) = **20** (9 · 5) - 45 = **0** 86 + (49 : 7) = **93**

4. Rechne in Schritten! — 6

49 · 9 = **441**	86 · 8 = **688**	64 · 7 = **448**
40 · 9 = 360	80 · 8 = 640	60 · 7 = 420
9 · 9 = 81	6 · 8 = 48	4 · 7 = 28

5. Rechne — 9

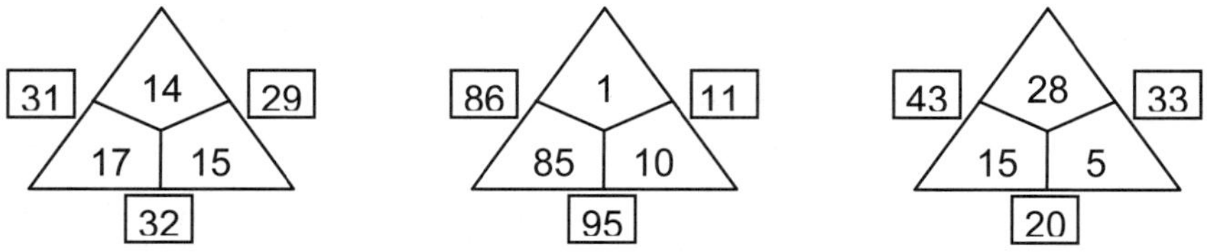

6. Hr. Maier hat für seinen Kramerladen **1000 kg Birnen** bestellt, die er in **3 Lieferungen** bekommt. Mit der **ersten Lieferung bekommt er 466 kg**. Die **zweite Lieferung wog die Hälfte der ersten Lieferung.** — 3

466 kg : 2 = 233 kg → 2. Lieferung = $\frac{1}{2}$ der ersten Lieferung
466 kg + 233 kg = 699 kg → 1. + 2. Lieferung
1000 kg – 699 kg = 301 kg → 1000kg wurden bestellt, ziehe die 1. + 2. Lieferung ab
Antwort : **Die dritte Lieferung wog 301 kg.**

7. Teile halbschriftlich, in dem du sinnvoll zerlegst! — 4

357 : 7 = 51	108 : 9 = 12
350 : 7 = 50	90 : 9 = 10
7 : 7 = 1	18 : 9 = 2

8. *Addiere* den **sechsten Teil von 300** zum fünften Teil von 250. — 3

300 : 6 = **50** → der sechste Teil von 300
250 : 5 = **50** → der fünfte Teil von 250
50 + 50 = **100** → Addiere … → **das Ergebnis lautet 100!**

38 P

8.19 Lösung zur Probe 5.6

1. Addiere die Zahlen! 4

```
 178       679       493       353
+457      +237      +599      +529
   1        11       1 11       11
 635       916      1092       882
```

2. Subtrahiere die Zahlen! 4

```
 2 3 17      6 17     3 8 10      9 10
 337         577      490         700
-198        -228     -395        -218
 139         349       95         482
```

3. Rechne aus! Hier gilt die Punkt-vor-Strich-Regel, also denke dir die Klammern! 6

(32 : 2) + 12 = 28 | 55 + (63 : 7) = 64 | 69 – (5 · 6) = 39

56 – (4 · 2) = 48 | (3 · 17) – 17 = 34 | 119 + (44 : 4) = 130

4. Rechne in Schritten! 6

32 · 4 = **128**	64 · 8 = **512**	55 · 9 = **495**
30 · 4 = 120	60 · 8 = 480	50 · 9 = 450
2 · 4 = 8	4 · 8 = 32	5 · 9 = 45
120 + 8 = 128	480 + 32 = 512	450 + 45 = 495

5. Rechne halbschriftlich! 8

6 · 36 = **216**	3 · 49 = **147**
6 · 30 = 180	3 · 40 = 120
6 · 6 = 36	3 · 9 = 27
128 : 4 = **32**	425 : 5 = **85**
120 : 4 = 30	400 : 5 = 80
8 : 4 = 2	25 : 5 = 5

6. Zur Fußball WM gibt es 730 Fußbälle beim Sporthaus Wagner im Angebot für 10,-- Euro. Bereits am ersten Tag wurden schon 352 Bälle verkauft. 3

a) Wie viele Bälle sind noch übrig.

b) Wie viel hat das Sporthaus am ersten Tag eingenommen?

Rechnung: 730 – 352 = **378** → 378 Bälle sind noch übrig

352 · 10 = **3520** → Das Sporthaus nimmt 3520,-- Euro ein.

Bei der Multiplikation mit 10 hängst du einfach an den anderen Faktor eine 0 und schon hast du dein Ergebnis!

7. Rechne aus! 9

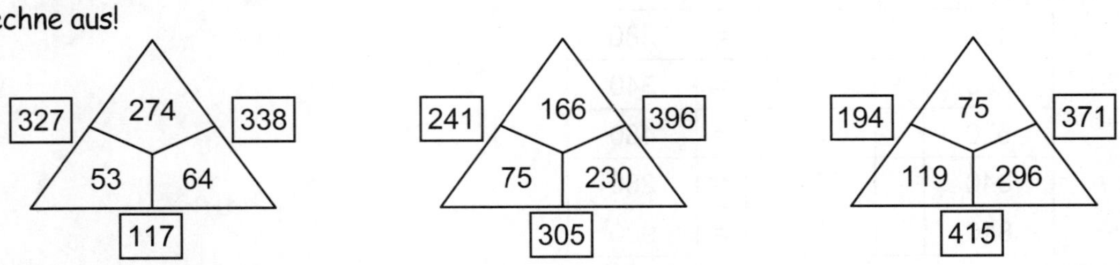

8. Welche Zahlen fehlen? 4

86 + 14 = 100	100 - 17 = 83
187 + 13 = 200	600 - 23 = 577
682 + 18 = 700	900 - 19 = 881
993 + 7 = 1000	200 - 23 = 177

8.20 Lösung zur Probe 5.7

1. Addiere die Zahlen! — 4

	4	2	5				6	4	7				2	4	9				5	5	3		
+	2	4	4			+	2	1	4			+	6	0	7			+	3	2	9		
—	—	—	—			—	—	1 —	—			—	—	1 —	—			—	—	1 —	—		
	6	6	9				8	6	1				8	5	6				8	8	2		

2. Rechne im Kopf! — 6

4 · 7 = **28**
6 · 6 = **36**
24 : 4 = **6**
48 : 8 = **6**

56 : 7 = 8
36 : 12 = 3
81 : 9 = 9
40 : 5 = 8

9 · 7 = 63
5 · 4 = 20
3 · 9 = 27
11 · 3 = 33

3. Rechne schriftlich! Hierbei musst du die Zahlen in sinnvolle Teile zerlegen und dann rechnen. — 4

404 : 4 = **101** | 663 : 3 = **221** | 270 : 9 = **30** | 864 : 8 = **108**

Zerlegen:
400:4= 100
4:4= 1

Zerlegen:
660:3=220
3:3= 1

270:9=30

Zerlegen:
800:8=100
64:8= 8

4. Rechne aus! Beachte die Punkt-vor-Strich-Regel! — 10

56 – (16 : 8) = **54**
(4 · 17) - 17 = **51**
121 + (44 : 11) = **125**
(2 • 9) + (7 • 5) = 18 + 35 = 53
(5 • 7) – (3 • 9) = 35 – 27 = 7

5. Rechne in Schritten! — 3

64 · 8 = **512**
60 · 8 = 480
4 · 8 = 32
480 + 32 = 512

57 · 4 = **228**
50 · 4 = 200
7 · 4 = 28
200 + 28 = 248

6. Frage: Wie viele Kinder gehen auf Tinas Schule? — 4

3 · 24 = 72
4 · 23 = 92
1 · 21 = 21

72 + 92 + 21 = **185**

Antwort: **Auf Tinas Schule gehen 185 Schüler.**

7. Zusammenzählen: Addieren / Addition — 2
Teilen: Dividieren / Division

8. Rechne im Kopf! — 5

430	-	50	=	380
280	+	60	=	340
570	-	90	=	480
340	-	60	=	280
810	+	90	=	900

8.21 Lösung zur Probe 5.8

1. Denke an die Rechenregel „Punktrechnung vor Strichrechnung"! 10 + 7 • 4 = **10 + 28 = 38** 45 – 3 • 9 = **45 – 27 = 18** 30 + 7 • 4 = **30 + 28 = 58** 55 – 4 • 9 = **55 – 36 = 19**	8
2. Welche Zahl fehlt? Rechne! **8** • 8 = 64 **6** • 9 = 54 **7** • 5 = 35 **4** • 8 = 32 **5** • 8 = 40 **8** • 9 = 72 **9** • 5 = 45 **3** • 8 = 24	8
3. Denke an ‚Punkt vor Strich'! (3 • 2) + (4 • 3) = 6 + 12 = 18 (7 • 6) – (3 • 2) = 42 – 6 = 36 (3 • 9) + (7 • 5) = 27 + 35 = 62 (4 • 2) + (3 • 3) = 8 + 9 = 17	8
4. Löse die Divisionsaufgaben! 25 : 5 = **5** 36 : 4 = **9** 48 : 8 = **6** 54 : 9 = **6** 42 : 7 = **6** 63 : 9 = **7** 28 : 4 = **7** 36 : 9 = **4** 81 : 9 = **9** 49 : 7 = **7** 18 : 3 = **6** 21 : 7 = **3**	12
5. Drei Zahlen ergeben zusammen 144. Die erste Zahl ist das Doppelte von 12, die zweite Zahl ist das Zweifache der dritten Zahl. Um welche Zahlen handelt es sich? Schreibe alle Rechenschritte auf! 12 · **2 = 24** **1. Zahl ist das doppelte von 12** 144 – 24 = 120 120 sind die anderen beiden Zahlen zusammen, wobei 120 **: 3 = 40** die zweite Zahl das Zweifache der dritten Zahl ist. 40 · **2 = 80** Antwort: Die erste Zahl ist 24, die zweite 80 und die dritte 40. 24 + 80 + 40 = 144 Probe: alle 3 zahlen zusammen ergeben 144! 4 Punkte gibt es für die Rechenschritte, 1 Punkt gibt es dafür, dass die zweite und die dritte Zahl richtig notiert sind!	5
6. Lara hat ein neues Hobby – sie fotografiert. Im letzten Jahr hat sie **7 Filme** verbraucht. Jeder reicht für **24 Bilder**. Lara hat ein Fotoalbum mit **45 Seiten** bekommen. Auf **jede Seite passen 4 Bilder**. Frage: Reicht das Album für die Fotos vom letzten Jahr? 7•24 = 7•20 + 7 • 4 = 140 + 28 = **168** 45 • 4 = 40 • 4 + 5 • 4 = 160 + 20 = **180** 180 – 168 = **12** Antw.: In Laras Album passen alle Fotos vom letzten Jahr. Sie hat noch Platz für 12 Bilder.	5

7. Familie Bauer fährt mit dem Auto nach Italien. Sie müssen **527 km weit fahren**. Nach **364km** legen sie eine Pause ein. 2

Frage: Wie weit ist es noch bis zum Ziel?

Antwort: Familie Bauer hat noch 163 km vor sich.

		4	12			
		~~5~~	~~2~~	7		
		3	6	4		
		1	**6**	**3**		

8. Marie sagt: "Wenn ich drei Zahlen verdopple, erhalte ich 410, 520 und 620?" 4

Frage: **Welche Zahlen hat sich Marie ausgedacht?**

410 : 2 = **205**

520 : 2 = **260**

620 : 2 = **305**

Antwort: **Marie hat die Zahlen 205, 260 und 310 verdoppelt.**

52 P

8.22 Lösungen zum Einmaleins

Lösung zu Übung 1:

$2 \cdot 4 = 8$	$4 \cdot 8 = 32$	$5 \cdot 9 = 45$
$5 \cdot 4 = 20$	$2 \cdot 9 = 18$	$4 \cdot 8 = 32$
$3 \cdot 5 = 15$	$4 \cdot 7 = 28$	$3 \cdot 7 = 21$
$7 \cdot 8 = 56$	$7 \cdot 6 = 42$	$2 \cdot 6 = 12$
$9 \cdot 3 = 27$	$5 \cdot 5 = 25$	$9 \cdot 8 = 72$
$2 \cdot 9 = 18$	$6 \cdot 4 = 24$	$8 \cdot 9 = 72$
$8 \cdot 2 = 16$	$3 \cdot 3 = 9$	$7 \cdot 7 = 49$
$7 \cdot 7 = 49$	$7 \cdot 2 = 14$	$6 \cdot 8 = 48$
$6 \cdot 5 = 30$	$5 \cdot 1 = 5$	$4 \cdot 9 = 36$
$5 \cdot 1 = 5$	$8 \cdot 0 = 0$	$5 \cdot 5 = 25$
$4 \cdot 0 = 0$	$4 \cdot 9 = 36$	$3 \cdot 4 = 12$
$3 \cdot 5 = 15$	$3 \cdot 8 = 24$	$5 \cdot 3 = 15$
$4 \cdot 9 = 36$	$5 \cdot 7 = 35$	$8 \cdot 2 = 16$
$5 \cdot 3 = 15$	$7 \cdot 6 = 42$	$6 \cdot 9 = 54$
$6 \cdot 8 = 48$	$6 \cdot 5 = 30$	$7 \cdot 8 = 56$
$7 \cdot 4 = 28$	$7 \cdot 4 = 28$	$9 \cdot 9 = 81$
$8 \cdot 6 = 48$	$9 \cdot 3 = 27$	$2 \cdot 7 = 14$
$9 \cdot 5 = 45$	$7 \cdot 2 = 14$	$3 \cdot 6 = 18$
$10 \cdot 7 = 70$	$8 \cdot 6 = 48$	$4 \cdot 9 = 36$
$5 \cdot 9 = 45$	$6 \cdot 2 = 12$	$5 \cdot 5 = 25$
$2 \cdot 4 = 8$	$4 \cdot 4 = 16$	$6 \cdot 9 = 54$
$1 \cdot 2 = 2$	$5 \cdot 3 = 15$	$7 \cdot 4 = 28$
$3 \cdot 9 = 27$	$3 \cdot 5 = 15$	$8 \cdot 8 = 64$
$5 \cdot 7 = 35$	$2 \cdot 8 = 16$	$9 \cdot 7 = 63$
$4 \cdot 5 = 20$	$4 \cdot 9 = 36$	$1 \cdot 9 = 9$
$6 \cdot 4 = 24$	$7 \cdot 7 = 49$	$8 \cdot 8 = 64$

Lösung zu Übung 2:

$2 \cdot 5 = 10$	$3 \cdot 8 = 24$	$6 \cdot 8 = 48$
$5 \cdot 6 = 30$	$2 \cdot 9 = 18$	$7 \cdot 3 = 21$
$3 \cdot 7 = 21$	$4 \cdot 7 = 28$	$4 \cdot 4 = 16$
$7 \cdot 8 = 56$	$6 \cdot 6 = 36$	$5 \cdot 6 = 30$
$9 \cdot 9 = 81$	$7 \cdot 5 = 35$	$8 \cdot 8 = 64$
$2 \cdot 2 = 4$	$8 \cdot 4 = 32$	$9 \cdot 7 = 63$
$8 \cdot 3 = 24$	$4 \cdot 3 = 12$	$6 \cdot 7 = 42$
$7 \cdot 4 = 28$	$8 \cdot 2 = 16$	$5 \cdot 3 = 15$
$6 \cdot 6 = 36$	$6 \cdot 5 = 30$	$3 \cdot 9 = 27$
$5 \cdot 5 = 25$	$9 \cdot 1 = 9$	$4 \cdot 9 = 36$
$4 \cdot 7 = 28$	$5 \cdot 2 = 10$	$2 \cdot 5 = 10$
$5 \cdot 8 = 40$	$4 \cdot 3 = 12$	$5 \cdot 2 = 10$
$4 \cdot 9 = 36$	$3 \cdot 4 = 12$	$9 \cdot 3 = 27$
$5 \cdot 3 = 15$	$2 \cdot 5 = 10$	$7 \cdot 8 = 56$
$6 \cdot 2 = 12$	$6 \cdot 6 = 36$	$9 \cdot 7 = 63$
$7 \cdot 4 = 28$	$8 \cdot 7 = 56$	$8 \cdot 9 = 72$
$8 \cdot 5 = 40$	$9 \cdot 3 = 27$	$3 \cdot 7 = 21$
$9 \cdot 6 = 54$	$7 \cdot 2 = 14$	$4 \cdot 6 = 24$
$7 \cdot 7 = 49$	$5 \cdot 6 = 30$	$5 \cdot 9 = 45$
$5 \cdot 8 = 40$	$6 \cdot 2 = 12$	$6 \cdot 5 = 30$
$2 \cdot 9 = 18$	$4 \cdot 4 = 16$	$7 \cdot 9 = 63$
$5 \cdot 2 = 10$	$5 \cdot 3 = 15$	$8 \cdot 4 = 32$
$3 \cdot 3 = 9$	$3 \cdot 7 = 21$	$9 \cdot 8 = 72$
$5 \cdot 4 = 20$	$2 \cdot 8 = 16$	$2 \cdot 7 = 14$
$4 \cdot 5 = 20$	$9 \cdot 9 = 81$	$3 \cdot 9 = 27$
$6 \cdot 6 = 36$	$7 \cdot 7 = 49$	$7 \cdot 8 = 56$
$7 \cdot 7 = 49$	$4 \cdot 6 = 24$	$8 \cdot 9 = 72$
$5 \cdot 8 = 40$	$6 \cdot 9 = 54$	$9 \cdot 7 = 63$
$2 \cdot 9 = 18$	$5 \cdot 4 = 20$	$5 \cdot 8 = 40$
$8 \cdot 8 = 64$	$3 \cdot 7 = 21$	$6 \cdot 9 = 54$

Lösung zu Übung 3:

12 : 4 = 3
52 : 4 = 13
35 : 5 = 7
7 · 8 = 56
9 · 3 = 27
2 · 9 = 18
8 : 2 = 4
77 : 7 = 11
6 · 5 = 30
5 · 10 = 50
6 · 0 = 0
30 · 5 = 150
45 : 9 = 5
27 : 3 = 9
64 : 8 = 8
7 · 4 = 28
48 : 6 = 8
90 : 5 = 18
21 : 7 = 3
5 · 9 = 45
2 · 4 = 8
11 · 2 = 22
36 : 9 = 4
5 · 7 = 35
40 : 5 = 8
64 : 4 = 16
7 · 3 = 21
25 · 2 = 50
81 : 9 = 9

24 : 8 = 3
3 · 9 = 27
5 · 7 = 35
72 : 6 = 12
5 · 5 = 25
56 : 4 = 14
33 · 3 = 11
72 : 8 = 9
5 · 10 = 50
80 · 0 = 0
45 : 9 = 9
32 : 8 = 4
5 · 7 = 35
7 · 7 = 49
60 : 5 = 12
7 · 4 = 28
90 : 3 = 30
72 : 9 = 8
48 : 6 = 8
16 : 2 = 8
4 · 4 = 16
15 · 3 = 45
30 : 5 = 6
24 : 8 = 3
4 · 9 = 36
7 · 7 = 49
36 : 6 = 6
7 · 5 = 35
21 : 7 = 3

54 : 9 = 6
24 : 8 = 3
35 : 7 = 5
12 · 6 = 72
96 : 8 = 12
9 · 9 = 81
77 : 7 = 11
16 : 8 = 2
64 : 8 = 8
55 · 5 = 11
32 : 4 = 8
51 : 3 = 13
18 · 2 = 9
6 · 6 = 36
7 · 8 = 56
99 : 9 = 11
12 · 7 = 84
36 : 6 = 6
4 · 9 = 36
25 : 5 = 5
6 · 9 = 54
7 · 4 = 28
8 · 8 = 64
49 : 7 = 7
27 : 9 = 3
8 · 8 = 64
3 · 9 = 27
56 : 7 = 8
5 · 9 = 45

Lösung zu Übung 4:

12 : 3 = 4
52 : 4 = 13
35 : 7 = 5
72 : 8 = 9
90 : 3 = 30
27 : 9 = 3
8 · 2 = 16
97 : 7 = 13
6 · 5 = 30
5 · 9 = 45
6 · 7 = 42
30 : 5 = 6
54 : 9 = 6
27 : 3 = 9
64 : 8 = 8
7 · 8 = 56
42 : 6 = 7
55 : 5 = 11
42 : 7 = 6
7 · 9 = 63
28 : 4 = 7
11 · 2 = 22
36 : 9 = 4
5 · 7 = 35
40 : 5 = 8
64 : 4 = 16
11 · 3 = 33
25 · 2 = 50
81 : 9 = 9

24 : 3 = 8
7 · 9 = 63
5 · 6 = 30
84 : 6 = 14
5 · 7 = 35
64 : 4 = 14
11 · 3 = 33
56 : 8 = 7
7 · 7 = 49
88 : 11 = 8
63 : 9 = 7
32 : 4 = 8
5 · 8 = 40
7 · 9 = 63
80 : 5 = 16
27 : 3 = 9
90 : 6 = 15
72 : 8 = 9
48 : 8 = 6
36 : 4 = 9
4 · 4 = 16
25 · 3 = 75
45 : 9 = 5
32 : 4 = 8
4 · 7 = 28
4 · 4 = 16
36 : 6 = 6
7 · 8 = 56
21 : 7 = 3

54 : 6 = 9
24 : 3 = 8
35 : 5 = 7
12 · 6 = 72
56 : 8 = 7
8 · 9 = 72
49 : 7 = 7
32 : 8 = 4
4 · 8 = 32
55 · 5 = 11
36 : 4 = 9
21 : 3 = 7
17 · 2 = 34
60 : 6 = 10
8 · 8 = 64
49 : 7 = 7
42 : 7 = 6
96 : 6 = 16
7 · 9 = 63
20 : 5 = 4
6 · 7 = 42
9 · 4 = 36
8 · 8 = 64
49 : 7 = 7
27 : 3 = 9
9 · 8 = 72
5 · 9 = 45
56 : 8 = 7
6 · 9 = 54

8.23 Lösung zu Knacknüsse

1) 45 + 15 = **60**	1
2) 1,48 m = **148 cm**	1
3) 2 kg = **2000 g**	1
4) 80 mm =**8 cm**	1
5) 2,20 m = **220 cm**	1
6) 1t= **1.000 kg**	1
7) $\frac{1}{2}$ t = **500 kg**	1
8) Ein Quader hat **6 Flächen**.	1
9) **Quader** - hat **8** Ecken	2
10) **Zylinder**, hat **keine** Ecken	2
11) Die Figur ist ein **Würfel**	1
12) **Zylinder**	1
13) Eine Kugel hat **keine Ecke** und genau **eine Fläche**.	2
14) Alle zahlen gleich viel, also muss der Gesamtbetrag durch 3 geteilt werden. 18 € : 3 = **6 €**	2
15) Ein Würfel hat **12 Kanten**, **8 Ecken** und **6 Flächen** Die gegenüberliegenden Augenzahlen eines Würfels ergeben zus. immer **7** (1-6, 2-5, 3-4)	4
16) Drei Würfel mit der Zahl 6 ergeben zusammen 3 · 6 = 18. Die Gesamtaugenzahl beträgt 19. Also hat der letzte Würfel die Zahl 19 - 18 = 1. **Der andere Würfel zeigt eine 1.**	2
17) Rechne im Kopf 21~~0~~ : 3~~0~~ = **7** 6 · 40 = **240** 10 · 0 = **0** 81 : 9 = **9** 121 : 11 = **11** 64 : 8 = **8** 48 : 2 = **24** 5 · 60 = **300** 30 · 30 = **900** 9~~0~~ : 9~~0~~ = **1** 3 · 80 = **240** 49~~0~~: 7~~0~~ = **7**	12
18) Rechne aus! Beachte eine wichtige Rechenregel! Hier gilt Punkt vor Strich, die hier eingezeichneten Klammern musst du dir also denken! (24 : 2) + 12 = **24** 16 — (4 · 2) = **8** 51 + (63 : 7) = **60** (3 · 20) - 20 = **40** 69 — (5 · 6) = **39** 19 + (44 : 4) = **30**	9
19) Rechne halbschriftlich, in dem du sinnvoll zerlegst! a) 408 : 8 = (400:8) + (8:8) = 50 + 1 = **51** b) 639 : 9 = (630:9) + (9:9) = 70 + 1 = **71** c) 270 : 3 = **90** d) 464 : 8 = (400 : 8) + (64 : 8) = 50 + 8 = **58**	4
20) Benenne die lateinischen Begriffe folgender Grundrechenarten: Plus **Addition** oder **addieren** Minus **Subtraktion / subtrahieren** Mal **Multiplikation / multiplizieren** Teilen **Division / dividieren**	4
21) Das 12fache von 7 ist um 15 weniger als die Hälfte meiner Zahl. Welche Zahl habe ich mir ausgedacht? Die Zahl heißt 198! 12 · 7 = 84 12fache von 7 84 + 15 = 99 ist um 15 weniger als die 99 · 2 = 198 Hälfte meiner Zahl	3

22) Subtrahiere schriftlich! 4

	7	5	1		4	6	0		3	3	4		3	5	5
-	5	8	2	-	2	9	1	-	2	8	6	-	1	6	8
	1	**6**	**9**		**1**	**6**	**9**			**4**	**8**		**1**	**8**	**7**

23) Addiere im Kopf! 10

470	+	240	=	610
160	+	680	=	840
530	+	290	=	820
280	+	440	=	720
350	+	280	=	630
670	+	160	=	830
240	+	590	=	830
790	+	170	=	960
520	+	390	=	910
840	+	120	=	960

24) Rechne im Kopf! 10

430	-	50	=	380
280	-	60	=	240
570	-	90	=	480
340	-	60	=	280
810	-	90	=	720
46	-	28	=	18
85	-	56	=	29
84	-	72	=	12
52	-	34	=	18
64	-	18	=	46

25) Rechne aus! 9

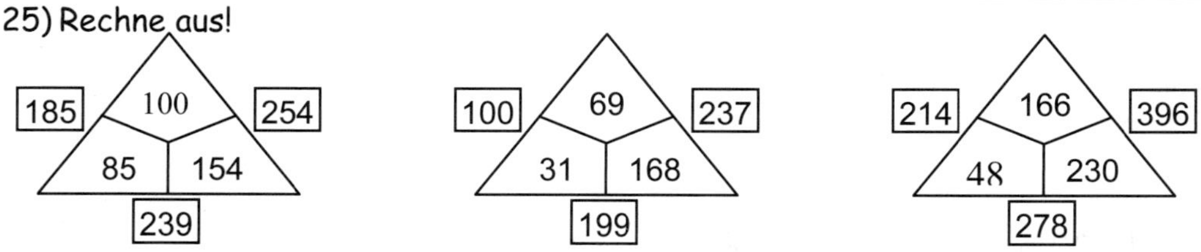

26) Anzahl der Schweine: 8 + 6 + 10 = 24 6

Für die Häuschen: 24 :6 = 4 · 5€· 4 = 20 €

Für die Milch: 24 : 12 = 2 → 2 · 2l = 4 l pro Tag für 24 Schwweine

Von Samstag bis Sonntag in einer Woche = 9 Tage also 9 · 4l = 36l 36 · 1€ = 36€

36 € + 20 € = 56 €

A.: Lena muss für ihre Schweinchen an der Kasse 56 € bezahlen.

27) Rechne schriftlich – schreibe die Zahlen untereinander! 6

										2	1										7	1	
	4	2	5		5	6	5		2	~~3~~	0		7	2	3		2	3	8		~~8~~	2	4
–	1	2	5	–		2	5	–		3	5	+	1	1	1	+	1	2	8	–		1	4
																		1					
	3	**0**	**0**		**5**	**4**	**0**		**1**	**9**	**5**		**8**	**3**	**4**		**3**	**6**	**6**		**7**	**0**	**0**

101 Punkte

9 Notenschlüssel

Hier findest du verschiedene Notenschlüssel. Suche die Punktezahl, die der Gesamtpunktzahl in deiner Übungsprobe gleich bzw. am nächsten kommt. Schau dann, in welchen Punktebereich deine erreichte Punktezahl fällt, darunter findest du dann deine erzielte Note.

20	20 - 18 1	17,5 - 15,5 2	15 - 13 3	12,5 - 10,5 4	10 - 8 5	7,5 - 0 6
21	22 - 20 1	19,5 - 17,5 2	17 - 15 3	14,5 - 11 4	10,5 - 8 5	7,5 - 0 6
22	22 - 20 1	19,5 - 17,5 2	17 - 14,5 3	14 - 11,5 4	11 - 8 5	7,5 - 0 6
23	23 - 21 1	20,5 - 18,5 2	18 - 15,5 3	15 - 12,5 4	12 - 8,5 5	8 - 0 6
24	24 - 22 1	21,5 - 19 2	18,5 - 16 3	15,5 - 12,5 4	12 - 8 5	7,5 - 0 6
25	25 - 23 1	22,5 - 20 2	19,5 - 16,5 3	16 - 13 4	12,5 - 8 5	7,5 - 0 6
26	26 - 24 1	23,5 - 22 2	21,5 - 18 3	17,5 -13,5 4	13 - 10,5 5	10 - 0 6
28	28 - 26 1	25,5 - 23 2	22,5 - 19 3	18,5 - 15 4	14 - 10 5	9,5 - 0 6
29	29 - 26,5 1	26 - 23, 2	22,5 - 19 3	18,5 - 15 4	14,5 - 10 5	9,5 - 0 6
30	30 - 27 1	26,5 - 23,5 2	23 - 19,5 3	19 - 15,5 4	15 - 11 5	10 - 0 6
31	30 - 27 1	26,5 - 23,5 2	23 - 20 3	19,5 - 16 4	15,5 - 11 5	10 - 0 6
32	32 - 29 1	28 - 25 2	24 - 21 3	20,5 - 16,5	16 - 11 5	10 - 0 6
33	33 - 30 1	29,5 - 26,5 2	26 - 22, 3	21,5 - 17,5 4	17 - 12 5	11,5 - 0 6
34	34 - 31 1	30,5 - 27 2	26,5 - 23 3	22,5 - 18 4	17 - 12 5	11,5 - 0 6
35	35 - 32 1	31,5 - 28 2	27,5 - 24 3	23 - 19 4	18 - 12 5	11 -0 6
36	36 - 33 1	32,5 - 29 2	28,5 - 24,5 3	24 - 18,5 4	18 - 12 5	11 - 0 6
37	36 - 33,5 1	33 - 29,5 2	29 - 25 3	24,5 - 19 4	18,5 - 12 5	11 - 0 6
38	38 - 35,5 1	35 - 31 2	30 - 25,5 3	25 - 20 4	19 - 14 5	13,5 - 0 6
39	39 - 35 1	34,5 - 30 2	29,5 - 25 3	24,5 - 20 4	19,5 - 14 5	13,5 - 0 6
40	40 - 36 1	35,5 -31,5 2	31 - 26,5 3	26 - 20,5 4	20 - 15 5	14 - 0 6

41	41 - 37 1	36,5 -32,5 2	32 - 27,5 3	27 - 21 4	20 - 15 5	14 - 0 6
42	42 - 38 1	37,5 -33 2	32,5 - 28 3	27 - 22 4	21 - 15 5	14 - 0 6
43	43 - 39 1	38,5 -33 2	32,5 - 28 3	27 - 22 4	21,5 - 15 5	14 - 0 6
45	45 - 41 1	40 - 35,5 2	35 - 30 3	29,5 - 24 4	23,5 - 18 5	17 - 0 6
46	46 - 42 1	41 - 36,5 2	36 - 31 3	29 - 23,5 4	23 - 17 5	16 - 0 6
47	47 - 43 1	42 - 37 2	36 - 31 3	29 - 24 4	23,5 - 17 5	16 - 0 6
48	48 - 43,5 1	43 - 38 2	37 - 32 3	31 - 25 4	24 - 17 5	16 - 0 6
49	49 - 45 1	44 - 39 2	38 - 33 3	32 - 26 4	25 - 18 5	17 - 0 6
50	50 - 45,5 1	44,5 - 39,5 2	39 - 34 3	33 - 26 4	25 - 18 5	17 - 0 6
51	51 - 45 1	44 - 39 2	38 - 33 3	32 - 26 4	25,5 - 18 5	17 - 0 6
52	52 - 47 1	46 - 41 2	40 - 35 3	34 -27 4	26 - 19 5	18 - 0 6
54	54 - 49 1	47 - 41,5 2	41 - 35 3	34 - 28 4	27 - 19 5	18 - 0 6
56	56 - 51 1	50 - 44 2	43 - 37 3	36 - 29 4	28 - 20 5	19 - 0 6
58	58 - 52 1	51 - 45 2	44 - 38 3	37 - 30 4	29 - 20 5	19 - 0 6
60	60 - 54 1	53 - 47 2	46 - 39 3	38 -31 4	30 - 20 5	19 - 0 6
61	61 - 55 1	54 - 48 2	47 - 40 3	39 - 32 4	31 - 20 5	19 - 0 6
62	62 - 56 1	55 - 49 2	48 - 41 3	40 - 32 4	31 - 20 5	19 - 0 6
64	64 - 58 1	57 - 50 2	49 - 42 3	41 - 33 4	32 - 22 5	21 - 0 6
65	65 - 59 1	58 - 51 2	50 - 43 3	42 - 34 4	33 - 23 5	22 - 0 6
66	66 - 59 1	58 - 51 2	50 - 43 3	42 - 34 4	33 - 24 5	23 - 0 6
67	67 - 60 1	59 - 52 2	51 - 44 3	43 - 35 4	34 - 25 5	24 - 0 6
68	68 - 61 1	60 - 53 2	52 - 44 3	43 - 35 4	34 - 25 5	24 - 0 6
95	95 - 85 1	84 - 72 2	71 - 60 3	59 - 48 4	47 - 30 5	29 - 0 6
100	100 - 91 1	90 - 80 2	79 - 66 3	65 - 51 4	50 - 33 5	32 - 0 6

10 Quellennachweis

Grundschulhefte Paul und Nina Mandl sowie Julius und Linus Reichel
http://www.schulferien.org
http://www.isb.bayern.de/ Staatsinstitut für Schulqualität und Bildungsforschung

Notizen